Spiritual Culture
青心文化

微笑守望者

1

Smile Keepers 1

［塞尔维亚］纳达·伊格纳托维奇·萨维奇 | 著

娅锦　李迪 | 译

中国青年出版社

图书在版编目（CIP）数据

微笑守望者. 1 /（塞尔）纳达·伊格纳托维奇·萨维奇著；娅锦，李迪译. -- 北京：中国青年出版社，2025.4. -- ISBN 978-7-5153-7724-7

Ⅰ. C912.11-49

中国国家版本馆 CIP 数据核字第 2025SC8255 号

著作权合同登记号：01-2024-5649

Smile Keepers 1

Copyright©2007 by Nada Ignjatović-Savić

All Rights Reserved

中文简体字版权©中国青年出版社 2023

微笑守望者1

作　　者：[塞尔维亚]纳达·伊格纳托维奇·萨维奇
译　　者：娅锦　李迪
责任编辑：吕娜
封面插画：stano
内文插画：小H
书籍设计：瞿中华
出版发行：中国青年出版社
社　　址：北京市东城区东四十二条 21 号
网　　址：www.cyp.com.cn
经　　销：新华书店
印　　刷：北京汇瑞嘉合文化发展有限公司
规　　格：787mm×1092mm　1/32
印　　张：7.25
字　　数：100 千字
版　　次：2025 年 4 月北京第 1 版
印　　次：2025 年 4 月北京第 1 次印刷
定　　价：69.00 元

如有印装质量问题，请凭购书发票与质检部联系调换。联系电话：010-57350337

推荐序

我非常高兴能为《微笑守望者1》写一篇推荐语。因为这本书能够极大地助力教师和孩子们共同学习许多实用的生活技能与知识，其中包括非暴力沟通。最重要的是，这本书的内容对每个人来说都充满趣味。

这本书能帮助成年人引导孩子们一起开展活动，培养孩子的自主性、内在动力与自律能力。孩子们将学会相互理解，并懂得协作比同龄人之间或成人之间单纯的压力式竞争更有趣、更有意义。通过书中有趣的游戏与互动，孩子们将树立自尊、获得自我认同，并学会在日常生活中对自己的行为负责。

从长远来看，这本书能够激励成年人和孩子们在对待自己与他人的关系时选择不同的态度。这种态度意味着尊重自己和他人，并将彼此间的差异视为个人成长和自我提升的契机。

　　书中的游戏和活动都可以直接拿来使用，因为它们阐释得都非常清楚。不过，如果教师们能像本书作者所要求的那样熟悉非暴力沟通，那就更好了。

　　最让我开心的是，中国的孩子们在学习实用技能时会获得更多乐趣。这些技能不仅能建立孩子们的自信，更能培养他们在未来校园生活、家庭关系及社会交往中的重要能力。

凯瑟琳·韩·辛格

前国际非暴力沟通中心董事会主席

感恩的喜悦

前言 | 1993 年版

　　我非常感谢联合国儿童基金会对"在受战争影响的社会背景下支持和促进儿童发展计划",即"微笑守望者"项目的支持和资助,并使本书得以出版。我还要感谢来自贝尔格莱德、巴尔、布德瓦、新海尔采格和蒂瓦特幼儿园的所有心理学家、教育家和学龄前教师们,感谢他们为实现本书所包含的心理工作坊所做的出色工作和贡献。他们的意见和建议帮助本书以现在的样子呈现在读者面前。

　　我还要向参与本书制作的所有合作者表达感激之情。此外,我还要特别感谢伊万·伊维奇教授,是他将我带入了美妙的探索之旅,让我更加全面地理解儿童心理发展。他对本书建设性的评论鼓励我继续努力，将这本书推向全世界。最重要的是，我衷心感谢上述幼儿园的孩子们，他们赋予了这个项目生命力，使其与书名相得益彰。

一些事实和很多的喜悦

写在前面｜1995 年版

在 1993 年 10 月本手册第 1 版出版之前，"微笑守望者 1" 心理工作坊项目只在塞尔维亚和黑山 6 个城镇的幼儿园开展。从那时起到 1995 年 6 月第 2 版出版时，我们欣喜地注意到，该项目已在 43 个地方推广：阿莱克西纳茨、阿兰杰洛瓦茨、巴尼亚科维利亚查、巴尔、贝尔格莱德、比耶拉、布德瓦、布亚诺瓦茨、瓦列沃、弗拉涅、普奇尼亚州、上米拉诺瓦茨、兹雷尼亚宁、亚布卡岛、雅戈丁那、诺维萨德、基金达、克尼亚热瓦茨、科托尔、克拉古耶瓦茨、克鲁舍瓦、拉扎雷瓦茨、拉伊科瓦茨、洛兹尼察、莱斯科瓦茨、柳博维亚、米奥尼察、内戈丁、尼什、诺维萨德、奥布雷诺瓦茨、潘切沃、帕拉钦、皮罗特、彼得罗瓦茨纳莫鲁、彼得罗瓦茨纳姆拉维、波扎雷瓦茨、斯梅代雷沃、斯雷姆斯卡卡梅尼察、索波特、蒂瓦特、乌日茨、赫尔采格诺维。除幼儿园外，学校和儿童之家也接受了该项目。迄今为止，已有16000名学龄前儿童和小学生以及1200名照顾他们的成年人，加入了充满活力的"微笑守望者"网络。

对项目效果的分析结果表明，儿童的行为发生了显著的积极变化。简而言之，根据教师们的评估，与之前相比，参加该项目的孩子的内心变得更加敞开，表达感受时更加自由，面对他人更加敏锐，在学习中更加专注和坚韧，更加善于社交，有更强的想象力、好奇心、自主性和自信心。在小组和班级层面也发生了积极的变化——相互信任与合作得到了加强。

教师们强调，这些工作坊对他们来说是一个非常宝贵的机会，可以了解每个孩子的内心世界。孩子们也强调，在教师面前表达自己的内心世界，并得到教师的支持和理解，对他们来说非常重要。

对于本项目的作者来说，特别高兴地看到，根据孩子们和教师的评价，他们最喜欢的那些工作坊包括那些涉及最微妙心理话题的：愤怒、恐惧、悲伤的感受和冲突……这再次证明，该项目符合儿童的需要。

喜悦的原因还在于，最受孩子们欢迎的，还包括关于爱的工作坊。孩子们知道了什么是生活中最重要的！

第 2 版与第 1 版没有本质区别。只是在书的图形设计上做了一些必要的修正，仅此而已。

一千个快乐的理由

前言 | 2007年版

本手册第2版出版至今已有13年。在此期间，积累了许多值得高兴和庆祝的理由。

老师们很欣赏"微笑守望者1"项目，因此不断有新的儿童群体接触到这个项目。虽然已无法清楚地了解有多少儿童接受了这一项目，但这一数字显然超过了10万。同时每年约有1200名教师接受"微笑守望者"项目的培训。

自2001年以来，该项目已被确定为小学一年级公民（民主公民）教育的组成部分。塞尔维亚教育部为感兴趣的教师组织了广泛的培训，现在塞尔维亚几乎所有的学校都开展了这一项目。联合国教科文组织和联合国儿童基金会对该项目进行了外部评估，这些国际专家给予了积极评价。2004 年，该项目被列入塞尔维亚教育部认可的项目目录，并被推荐为教师专业培训的组成部分。

2003-2004 年，作者与国家电视台教育节目组合作，创作了一部《微笑守望者》系列电视节目，由同样一批孩子们参与，共 33 个工作坊，受到了儿童观众们的一致好评。目前，电视节目《微笑守望者》已在国家电视台的学校节目中多次播出。

2006 年，作者与波兰心理教育援助方法中心（MPPP）合作，对培训师团队进行了培训，以教授波兰教师开展儿童"微笑守望者"项目。这些项目已经被翻译成波兰语进行推广。

同年，来自德国、瑞士、比利时、法国和卢森堡的几个教师团体表示有兴趣在他们的学校中应用这一项目。这也是出版此版本书籍的原因。

本书扩展了两个旨在向儿童家长宣传该项目及其效果的工作坊（1、32）、评估工作坊（31），以及 7 个新的工作坊，内容涉及教师们提出的对儿童很重要的主题（9、17、18、25、26、29、30）。

目 录

引言

"我们每个人心中都有河流
就在这座桥下相遇
这就是为什么
我们的快乐和悲伤共通
但又如此不同"

米罗斯拉夫·安蒂奇
《这是我对天堂的想象》

　　这本书面向的读者是愿意和孩子们一起享受探索人与人之间是如何既相似又不同的美妙过程的成年人。虽然书的构思耗时颇长，但实际撰写却只用了短短几天。随着时间的积累，我不断丰富新的内容，吸取他人的经验，并通过自己的努力，将"社会交往对儿童心理发展的培养作用"这一理论观点，转化为一系列具体的、有助于成人与儿童之间互动的实践活动，力求让这些活动富有营养，能够支持生命的成长。想到那些因战争而身心受到伤害的儿童，保护他们的成长和发展这一强烈的需要一直激励我，将多年的经验凝聚成这本书，现在，我将它呈现在你们面前。

《微笑守望者1》是同名系列出版物的首部作品。"微笑守望者"项目得到了心理学研究所的支持，并由联合国儿童基金会赞助，自1993年2月起在塞尔维亚和黑山的幼儿园及中小学实施。该项目由两部分组成：一部分由韦斯娜·奥格涅诺维奇指导，另一部分由本书作者指导。这两个部分均涵盖了为教育成长中的微笑守望者（学龄前、小学和中学教师，心理学家，教育学家）而开展的特殊心理工作坊项目，以及为不同年龄段的儿童（从学龄前到青春期）定制的自我意识和社会意识培养项目。每一个项目都可能成为下一本《微笑守望者》。此外，在项目实施过程中，还收集了数千件儿童创作的作品。本手册第 1 版中精选出来的作品仅能让我们初步领略一下这些出自儿童之手的作品的丰富性和多样性。这些作品如宝库一般，足以编写出许多有趣的书籍，以展现当今儿童的精神世界。

大家现在看到的这本书，最初是为参加该项目的学前教师们所编写手册的修订和扩展版。他们在开始与儿童共同工作之前，都参加了教育工作坊。这些工作坊旨在提升工作坊带领人对可能遇到的问题的敏感性，提升他们的教育能力、教育观念以及与儿童相处时的"刻意的自发性"。这种"从实践中学习"的方式是无法仅仅通过阅读"如何带领工作坊"说明来取代的，无论这些内容编写得多么出色和详尽。体验式学习的益处不仅体现在认知层面，更在于工作坊带来的快乐，这种快乐会在几乎所有参与者之中蔓延开来。对于这本手册的出版，作者也面临两难困境：一方面，作者希望尽可能多地向潜在用户提供这样一个具有积极效果的项目；另一方面，又担心没有直接、亲身体验过这类工作坊的人，可能无法充分感受到这种相互理解的美好并将其传递给孩子们。

换句话说，问题在于：仅凭遵循固定的指导脚本，你能否成为一位真正的微笑守望者？显然，"有可能"的希望战胜了"疑虑"。

对于项目和带领人来说，衡量其成功与否的最佳标准就是孩子们的行为表现。如果他们表现出好奇和兴奋，欢快地等待工作坊的开始；如果他们的绘画和其他回应展现了自己独特的印记；如果他们全神贯注地倾听，并积极探索自我和他人——你就知道，微笑守望者与他们同在。

理论观点

本项目的理论基础融合了互动主义和建构主义对于人类成长规律的理念，依赖于维果茨基的发展理论和马歇尔·卢森堡的非暴力沟通模型。

我们认为以下观点与本项目相关。

从儿童在这个世界上的体验，到他 / 她在这个世界的自我形成之间，成年人起到干预和影响的作用。

- 成年人以儿童能够理解和接受的方式营造环境氛围并进行分享；

- 成年人引导儿童参与精心挑选的、具有激发性的活动，这些激发性活动既能引导他们向更高的发展阶段迈进，又能保护他们免受超出其年龄承受能力的经历的影响；

- 成年人鼓励儿童主动了解和探索自我以及周

围的世界，并致力于让孩子们在这一过程中获得愉悦和积极的体验。

儿童是互动的积极参与者。

- 儿童有权利自主地发起、选择、重新安排和保留那些符合他们个人发展需要和个性特征的活动或元素。

- 儿童通过游戏，把在与他人交流过程中获得的经验和知识，用独特的方式整合在一起。在这个过程中，游戏是从外部世界探索走向内心世界，从交流互动走向创造内心私密心理空间的路径。

该项目的心理工作坊旨在通过游戏互动，协助儿童构建稳定的情绪基础，发展积极的策略来应对心理不适和冲突，促进儿童自我表达和沟通技能的提升，增强他们的自信心和对同伴的信任，以及深化他们对自身和他人的认知和理解。

方法原则

- 不提供直接的解决方案，也不追求孩子们给出所谓的"正确答案"。我们重视的是探索本身，是学习的过程，而非单纯的结果。学习会在游戏中自然发生。

- 成年人和儿童都要平等而积极地参与到这一过程中。当然，这并不意味着儿童拥有和成年人一样的认知。儿童与成年人关系的特殊性恰恰在于它的不对等性：成年人对自己、世界和儿童的了解要多得多。然而，为了能够给予每个孩子必要的、适时的练习，成年人需要懂得如何特别专注、敏锐地倾听，并以开放的心态接受和重视孩子们的交流。诗人杜什科·拉多维奇（Dusk Radović）用"受尊重的孩子"一词完美地对这些品质进行了诠释。

- 成年人在组织活动时，要让孩子们感受到他们彼此之间相互分享的需要和愿望，而不仅仅是与成年人分享。

- 成年人在给予指导（在近端发展区开展工作）时，不强求任何事情，而是在对等与不对等、支持与激发之间灵活地切换角色。

- 成年人要培养一种积极地与孩子相处的方式：通过回应来引导孩子们关注每个孩子身上有价值的特质，并使用具体的语言表达出来（比如"我喜欢你以这样的方式做"），而不是笼统的词句（比如"你真棒"）。

- 成年人要营造一个充满信任和接纳的氛围，避免评判或批评。

- 成年人对儿童的情绪反应需要给予及时、敏锐的回应：在这样一个环境中，儿童的感受会得到呵护，他们可以自由地表达自己的各种情绪，从而感到更加安全。

- 成年人要尊重儿童负面感受的爆发：给予他们时间去表达（恐惧、愤怒、挫折……），不要通过提问打断他们，或者压制他们（比如"不要哭""这没什么大不了的"）。成年人可以通过询问来帮助孩子区分自己的感受及其原因："你感到伤心是因为你希望有人陪伴吗？你生气是因为你想选择自己想做的事，是吗？"成年人要支持并鼓励孩子们以一种不伤害自己或他人的方式，建设性地利用自己的能量。

- 当孩子们积极应对困难时，成年人可以表达对他们的欣赏与喜悦之情。成年人教会孩子们如何享受自己的成就，如何表达自己的自豪感和满足感。

- 成年人应始终意识到，自己的行为会成为榜样并影响儿童的行为。孩子们会模仿他们观察到的成人的行为并据此来塑造自己的行为模式。

- 成年人想要培养宽容、理解和合作的品质，这意味着他们自己也是以平和、充满理解、没有攻击性的方式行事的。

- 成年人应支持独特性，强调我们每个人都是特别的、独一无二的，这样的差异性使我们更加丰富。教育中最重要的任务就是帮助孩子培养自尊、自信，并让孩子们意识到通过给予他人和从他人那里获得，生活会变得绚烂多彩。

这个项目的核心是通过象征性表达方式（绘画、哑剧、象征性游戏、戏剧游戏）和围成圆圈的分享活动，让孩子们意识到自己的内心体验。

通过放松练习和运动游戏帮助孩子们释放紧张情绪，并在团体中营造良好的氛围。

工作坊带领人要牢记的重要事项

1. 营造一种让孩子们感到安全和放松的愉悦氛围。

2. 不要提高声调。请与孩子们在一开始就提前约定好"安静！"或"注意！"的手势（可以是一幅画，也可以是一个声音信号，任何形式都可以，只要是发自内心的、伴着微笑的）。

3. 向孩子们解释一些工作坊规则：

（1）他们像圆桌骑士一样围坐成圈，这样他们就能相互看见、倾听彼此、向彼此学习。

注意：当孩子们绘画或进行角色扮演等活动时，是可以自由走动的。

（2）每个人在轮到自己时，都可以说些什么或做些什么。

（3）多多观察、多多聆听他人是很重要的，因为他们会从中学到很多东西，从而意识到彼此之间的相似性与差异性。

（4）没有正确的答案！最重要的是，孩子们能够表达自己的真实感受和想法。

注意：孩子们在某些活动中想知道怎样做才是"好的"，并试图猜测大人对他们的期望，这可能是一个问题。要强调的是，我们欢迎真正发自他们内心的一切。

（5）孩子们在不知道该说什么或该做什么的时候，可以选择说"过"。

注意：要尊重孩子的抵触情绪，但也要留意谁在什么时候拒绝分享什么。留意那些有所保留（沉默）的孩子，不要坚持让他们发言——让他们偶尔跳过围圈分享也是可以的。

如果有的孩子经常打断别人的发言，干扰小组工作，带领人可以善意地提醒他们注意一下规则："这很有趣，不过要等轮到你的时候"。如果这样还无济于事，可以建立一个分享圈，讨论"当有人打断我们时，我们的感受"，以及"为什么有时我们难以倾听他人说话"。

4. 如果整个小组拒绝参与工作——那就看看问题出在哪里，调整脚本，做一些他们感兴趣的游戏。

5. 工作坊最好由两个人共同带领——其中一位为带领人，按照流程引导，并促进小组内的交流；另一位作为助手负责记录下孩子们从第一圈到最后一圈所说的每一句话（例如，在名字圈时，关于"我喜欢什么"，孩子们说了什么：玛丽喜欢游泳，彼得喜欢美食等）。

书面报告需要包含以下数据：

· 时间、地点、参与者；

· 带领人姓名；

· 按顺序完成的所有活动，以及孩子们的所有回答。

6. 最佳的儿童参与者人数为 10~15 人。你可以与多达20名儿童一起工作，但这样也会导致孩子们的注意力分散，分享的积极性下降。有些孩子等不及轮到他们，而且更重要的是，他们无法充分地进行个人表达。如果小组人数较多，最好将其分成两个小组，以便进行更深入的分享。

7. 工作节奏：每周举办1~2次工作坊是最合适的。这样，带领人就有足够的时间来沉淀对每个孩子的印象，孩子们也可以通过自发的象征性游戏，对他们在小组中分享的经验进行回味。

8. 每次工作坊应持续一小时左右。当然，这取决于参与者的人数及其参与活动的程度。

9. 每次工作坊结束后，工作坊带领人都要与孩子们共同创作代表该工作坊的象征性标识或图画，并将其张贴在展板上。这将提醒他们回忆起所经历过的事情。

其他重要信息

这个项目是专为5~10岁的儿童设计的。因此，它可以适用于小学生群体，但对于5岁以下的儿童来说，很多内容过于复杂。需要根据孩子们的反应对流程脚本进行适当的改动（该项目的基本原则是，成年人要与孩子们的理解水平保持一致）。需要强调的是，工作坊的结构和每个工作坊的活动顺序都不是随意的。

每一个工作坊都遵循这样的模式：通过活动导入问题（冲突、不愉快的情绪状态等），然后通过活动引导孩子们找到积极应对这种状态的建设性方法。

因此，无论什么原因，在孩子们有机会学会如何积极应对困扰他们的事情之前，工作坊都不应该结束。同时，工作坊按照这个顺序安排，可以让孩子们逐渐勇于面对不愉快和痛苦的话题，而在结束工作坊时，强调地是积极的感受和欣赏。

处理一些儿童内心的痛苦、困难经历和严重问题可能会让一部分教师感到害怕和不安。如果出现这种情况，请毫不犹豫地向学校心理咨询室倾诉自己的忧虑并寻求建议。

工作坊 1：工作坊介绍，学生、家长和工作坊带领人见面会

工作坊提纲

1. 介绍工作方法的基本特点
2. 父母介绍自己的名字和自己最喜欢的一个自身特质
3. 孩子介绍自己的名字和自己最喜欢的一个自身特质
4. 父母记忆里在学生时代的开心或不开心
5. 孩子分享关于学校里的开心或不开心
6. 孩子们提议，做些什么可以让他们在学校体验更多的快乐
7. "微笑守望者"项目概述
8. 关于此项目的疑问
9. 伸展游戏

工作坊 1

工作坊介绍，学生、家长和工作坊带领人见面会

以下的场景只是一个建议，工作坊带领人可以按照自己的喜好来设计。最重要的是，让父母和孩子们了解这个项目是什么，以及会如何开展活动。

1. 带领人邀请孩子和家长们面对面坐成两个半圆形。带领人向大家问好，然后简要介绍工作坊的基本特点（以欢乐有趣的、游戏性的活动来学习，通过在圆圈中分享来认识自己和他人）。

2. 带领人邀请家长们说出自己的名字和自己最喜欢的一个特质（如果他们在开始时犹豫不决，可以鼓励他们说：对我们所有人来说，意识到自己的特质，

并自由地谈论这个话题是很重要的）。家长圈分享。

3. 带领人邀请孩子们说出自己的名字和自己最喜欢的一个自身特质。孩子圈分享。

4. 带领人邀请家长们回忆他们第一次上学时，对他们来说愉快或不愉快的事情。家长圈分享。

5. 带领人邀请孩子们说一说他们在学校感到愉快或不愉快的事情。孩子圈分享。

6. 带领人邀请孩子们来提议，怎样做才能让他们在学校感到更愉快。（"谁愿意分享？"）

7. 带领人简要介绍"微笑守望者"项目。

8. 带领人邀请家长和孩子们就这个项目提问。

9. 伸展游戏：所有参与者（家长和孩子们）站立，以便有足够的空间上下活动双手。带领人邀请大家用手指触摸自己的脚趾（如果够不到脚趾，就触摸到可以触碰到的腿的任何位置）。然后，带领人开始缓慢地从 1 数到 10，参与者跟着数字慢慢向上移动双手，直到数到 10 的时候正好双手高高举过头顶。

他们还需要记住从 1 数到 10 时自己双手所在的位置。

然后游戏开始：带领人随机说出数字，参与者
需要将手放在与数字相对应的位置上。

工作坊 2：自我认知（1）

工作坊提纲

1. 名字圈：拍拍手，说出你的名字
2. 你喜欢自己的名字吗？
3. 你想拥有一个什么样的名字呢？为什么？
4. 说说你喜欢做什么
5. 制作自画像
6. 围成圆圈分享：展示并描述你的绘画作品

工作坊目标

1. 让孩子们认识自己，了解自己与他人的特质、差异和相似之处，激发想象力；
2. 鼓励分享。

工作坊 2

自我认知（1）

1. 名字圈：拍拍手，说出你的名字，一个接一个轮流一圈。

2. 你喜欢自己的名字吗？如果喜欢就拍拍膝盖，如果不喜欢就摇摇你的手指头。

3. 如果可以选择，你会给自己起一个什么名字呢？你想拥有一个怎样的名字呢？为什么？

4. 说一说你喜欢做的事（我喜欢……）。

5. 在 A4 纸上画出你自己：制作自画像。要画得让人一眼就能认出这是你。（等所有人画完了）对大家说"现在，用一朵云（提醒他们，在动画片里一个角色心里想些什么，常常会在一个像云的图形里出现）表达今天你的感受、你的心情，选择能代表你感受的颜色。如果从早上开始到现在，你的感受发生了变化，就用不同的颜色来表现。

6.（当大家都完成任务以后）围成圆圈分享：向我们展示并描绘你的绘画作品。

注意：赞赏每一个孩子，但不要对绘画质量做评判。可以这样说："在这里真的可以看到对你来说什么是最重要的"，以及"所有的图画都以自己的方式存在，不同又各自美丽"。

工作坊 3：自我认知（2）

工作坊提纲

1. 变身游戏：围成圆圈分享
2. 说出你擅长做的、引以为荣的事，围成圆圈分享
3. 你喜欢自己的哪些方面？围成圆圈分享
4. 制作属于你的徽章
5. 向小组中的每一个人展示你的徽章

工作坊目标

1. 让孩子们认识自己，了解自身的特点以及彼此之间的差异与相似之处；
2. 激发想象力；
3. 鼓励分享。

工作坊3

自我认知（2）

1. 变身游戏：想一想，如果你是一种动物，你想成为哪种动物呢？（停顿）为什么呢？你喜欢这种动物的什么？（停顿）围成圆圈分享："我想成为……因为……"

2. 说出你擅长做的事情，你为自己以何种方式做这件事而骄傲？（例如：讲笑话、踢足球等）围成圆圈分享。

3. 你喜欢自己的哪些方面？围成圆圈分享："我喜欢……"

4. 制作属于你的徽章：徽章上要包含你的名字

和一些能体现你特征的东西——个人标志、图画或你选择的形状。（鼓励他们以自己的方式使用颜色和所有可用的材料，找到自己的形状、尺寸、颜色、符号……佩戴徽章时可以使用安全别针或胶带。）

5. 佩戴好你的徽章四处游走。以你自己的方式向小组中的每一个人展示你的徽章，同时也观察其他人的徽章。

工作坊 4：时间旅行（自我连续性）

工作坊提纲

1. 名字圈：一个大声一个小声交替进行
2. 时间旅行
3. 制作自己的连环漫画
4. 愉快的回忆姿势
5. 信任练习：结伴而行

工作坊目标

1. 让孩子们意识到他们共有的特点、差异和相似之处；
2. 留意生活中重要的点（愉快的和不愉快的）；
3. 激活愉快的记忆；
4. 激励他们以积极情感和积极态度对待自己和他人。

工作坊 4

时间旅行（自我连续性）

1. 名字圈：他们以一个小声一个大声的方式交替说出自己的名字。

2. 让我们坐上时光机（说明这是一种可以穿越时空的特殊装置）。准备好，开始一段想象之旅。闭上双眼！我们穿越时空，假装手握相机正在拍照。我们回到过去，想想从你出生到现在发生在你身上的事情。回忆一下你经历过什么，愉快的、不愉快的，什么时候你兴高采烈，什么时候你在哭泣。你需要拍几张照片。你还可以把当时和你在一起的人也拍进照片里……（几分钟后）睁开你的眼睛。

3. 制作你自己的连环漫画：把你的经历画下来。像制作连环画册那样画几幅画。例如：第一张照片可能是你的生日派对。谁和你在一起，你们在哪里，把这些画出来……然后下一张画可以是发生在你身上的其他事情，比如是你哭泣的时候……接下来的画上是开心的事情……（发给他们12厘米×60厘米的卡纸，并演示如何制作漫画）。（当他们画完后）接着说：现在在你开心的图片上标上一个红色圆圈，在那些让你感到悲伤的图片上标上一个蓝色圆圈（如果有的话）。

围成圆圈分享：每一个人展示自己的绘画作品并分享。

4. 愉快的回忆：我们有时会忘记快乐是什么感觉。现在让我们回忆一下当我们快乐时的感觉。当我给出这样的信号（例如，拍手）时，坐在这里的每个人（确切地表明你指的是哪些孩子，大约是小组的一半）站起来，摆出开心欢快的姿势（面部表情和身体都要表现出喜悦）。保持这个姿势直到再次拍手。不要动，保持这个姿势，好像是一张照片那样（向他们展示一个"冻住"的姿势）。其他人将成为观众。接下来"观众"摆出开心的姿势。（让孩子们保持这个姿势 10~15 秒，然后指着另一半的孩子做同样的事情。）

5. 信任练习：结伴而行。让我们放松一下吧！我们坐太久了，所以需要活动一下。但如果我们用接下来我描述的方式做可能会更有趣：两人一组，A 和 B 配对。A 闭上眼睛，B 把手放在 A 的肩膀上，带领他/她在房间里走动，去 B 想去的任何地方，但要保持安静。尽量让你带领的人在行走中体会到快乐和乐趣，小心不要碰到其他人或撞到东西。安静地玩这个游戏会更有意思。让你的双手说话。过一会儿（约 3 分钟），当我给你们一个信号，你们就交换角色。

提醒：如果他们问怎么才能不说话就能带领，

请回答:"好吧,想到一个你可以用手来示意的方法:走、转弯、停止等。"

小组分享:扮演这两个角色感觉如何?哪个角色更有趣?

现在围成一圈,讲述刚才在游戏中行走的经历,他们是否知道自己在哪里,以及他们是否信任自己的伙伴。

工作坊 5：我的放松空间

工作坊提纲

1. 在假想的地面上行走
2. 放松和冥想引导练习
3. 绘制放松空间：围成圆圈分享
4. 信任练习：摇摆

工作坊目标

1. 教孩子们如何放松；
2. 激发想象力并帮助他们创造一个放松的空间；
3. 促进分享和相互信任。

工作坊 5

我的放松空间

1. 在假想的地面上行走："假装我们正走在洒了胶水的地板上，或者想象我们正在从一块石头跳到另一块石头上，我们正在穿越雪地、树林、沙漠……"

2. 放松和冥想引导练习："现在，我们已经走累了，让我们坐下或者躺下来。但我们不能睡着，而是继续在想象中行走……"

注意：在开始这个练习之前，告诉孩子们，闭上眼睛，他们将要开始一个放松和想象练习。如果有孩子在结束前就睁开了眼睛，请微笑着使用非语言的方式来支持他／她。允许他／她继续睁开眼睛并保持安静。每个人都躺在地板上，或者闭上眼睛以舒适的姿势坐着。带领人缓慢地诉说，并在中间做多次停顿，以便让孩子们有时间来体验这个练习。

（1）放松：有节奏地呼吸，放松双腿和双手，感觉头部、颈部的放松，慢慢尝试找到最舒服的姿势。闭上你的眼睛。我将带你踏上一段想象的旅程。现在做几次深呼吸。好的。闭上眼睛，当我说话的时候，想象自己就要去一个特别可爱的地方……暂停。

（2）冥想引导：想象你来到了郊外，在柔软而舒适的地面缓缓移动。你可以选择移动的方式，行走、奔跑、跳跃、翻滚……随你喜欢。保持双眼紧闭。暂停。现在要去到一个让你感觉舒适的地方。它可以是你梦中到过的地方，也可以是你曾经去过的地方。我们开始慢慢地靠近那里。聆听从那里传出的声音，所有你喜欢的声音。风声、雨声、小鸟的歌唱、潺潺的流水声……任何让你感觉舒适的声音。暂停。感受颜色和周围的光线，这些颜色令人愉快。你会感受到它如何让你放松下来。继续前行，感受微风轻拂脸庞、手臂和身体其余地方。感受到更多的触摸，也许是细雨、飘雪、阳光……任何你感觉舒适的东西。暂停。现在闻一闻泥土和植物的味道。所有的气味都在抚摸你。缓慢而深长地呼吸，感受你是多么放松。暂停。继续在乡间行走，缓慢地移动，深深地放松，感受一切美好的体验。暂停。

慢慢地，你走进了你的放松空间。一切让你感到平静和满足的事物都会在你希望的那一刻出现在你的身边。暂停。把所有你喜爱的都注入这个空间。在这里，你是安全的、完全放松的；这是属于你的放松空间。暂停。

环顾四周，看看你在哪里，那里有什么，那里有谁？有你认识的人吗？有小动物吗？还有没有其他人？你感觉如何？记住这一切：颜色、光线、形状、声音、触感、气味……暂停。现在准备慢慢回来。当你准备好了，睁开眼睛，你又回到了这个房间。如果有人想站起来伸展双腿和手臂，那就去做吧。（放松和引导想象总共持续约 10 分钟。）

3. 画出放松空间：现在把你的放松空间画出来。用线条、形状和颜色把你所处的空间，你的感受，你所看见的、所经历的展示出来。把这段体验呈现在纸上。你怎么画并不重要，重要的是它对你的意义。（当他们画完后）给这个放松空间取个名字。（鼓励他们为自己的空间找到自己的名字，例如："安娜的海滩"或"彼得的山谷"等。）

围成圆圈分享：他们的放松空间是什么？他们在哪里？感觉如何？什么时候能感受到自己最放松？是什么让他们有了这样的感觉？放松空间的名字是什么？为什么起了这个名字？

4. 信任练习：摇摆。三人一组游戏。其中两人面对面站立，第三个人站在中间。两人轻轻摇动中间的那个人。第三个人闭上眼睛，让同伴摇动他／她。
他们扶住他／她的肩膀，轻轻地推动他／她。一开始
他们保持非常近的距离。慢慢地，他们可以扩大一
些距离（依然保持在柔和且安全的摇摆距离）。（5~6
分钟）

工作坊 6：我的担忧

工作坊提纲

1. 名字圈：做动作，其他人重复
2. 我的"担心圆"：绘画。围成圆圈分享：感想、最大的烦恼
3. 你可以做什么让自己感觉好起来：围成圆圈分享
4. 他们的小助手是谁，如何召唤出场：围成圆圈分享
5. 放松练习：围成圆圈，转动头部，按摩颈部、背部

工作坊目标

1. 激发积极主动的态度；
2. 激发想象力和创造力；
3. 教孩子们释放紧张的技巧。

工作坊 6

我的担忧

1. 名字圈：一个孩子站起来，说出他/她的名字，并做出一个动作（例如：说出"玛丽娜"并张开双臂或单脚跳跃）。然后所有其他人都站起来并重复他/她的动作，一个接一个地。

2. 我的"担心圆"：给孩子发 A4 的画纸，上面已经画了一个大圆圈——让孩子们在圈内画出他们最担心的事，他们能想到的麻烦事。

围成圆圈分享：他们的感想——画这个对你来说难吗？难在什么地方？你最担心的是什么？

3. 我们可以做些什么来消除困扰自己的担心

呢？如何让你的一天过得更加美好？你可以做什么让自己感觉好起来？围成圆圈分享。

4. 如果担心忧虑持续超过了一天，该怎么办？我们可以创造一个小助手来面对它们。现在你肯定想知道如何做到这一点。好吧，这样做：闭上眼睛，放松，想象一个角色或一件物品，它可以帮助你消除头脑中让你担心的事情。它可以是童话故事中的形象，也可以是魔法橡皮擦，或者是你用想象力创造出来的东西。（鼓励他们寻找对自己来说有趣的、有创意的解决方案。）现在，每当担忧出现时，你要做的就是召唤这个小助手——想到一个方法，如何做到这一点！发挥你的想象力。

围成圆圈分享：他们的小助手是谁？如何召唤它出场？

5. 让我们做一些练习来放松一下。

• 第一个练习：转头。闭上眼睛，慢慢地将头向左、向后、向右、向前移动；然后反方向进行。

想象你的头像气球一样轻。现在睁开眼睛，重复这个练习，眼睛跟随头部移动，不要聚焦在一个地方。

- 第二个练习：走开！先保持直立，双脚分开并平行，膝盖放松，腹部、臀部和肩膀放松，双臂下垂。均匀呼吸并放松下巴。将手肘抬到肩膀的高度，然后突然用力将双臂向后甩，同时大声喊道："走开！"重复练习几次，用你的声音来表达你的心情。（演示一下）

结束活动：站成一圈，每个人都为前面的人按摩一下，同时也接受后面的人的按摩。

工作坊 7：表达感受

工作坊提纲

1. 用"在空间移动"表达感受
2. 肢体语言
3. 感受圆圈：围成圆圈分享
4. 在我们的圆圈里发生了什么变化？为什么？围成圆圈分享
5. 带领人陈述

工作坊目标

1. 激发对感受的觉知和表达。

工作坊 7

表达感受

1. 在空间移动：所有人站起来围成一个圈。带领人说：我发出口令，大家开始在房间内走动。现在想象你走过一条路。之后想象一下自己累了。大家累的时候会怎么走路？那么，现在开始。感觉到累了……（30秒）现在你好像很生气……（30秒）这次感觉到害怕……（30秒）感到伤心……（30秒）现在以一种有趣而滑稽的方式走……（30秒）现在很开心……（30秒）

注意：请留意孩子们身体上出现的不安的非语言迹象。观察是否有孩子在走动过程中身体持续僵硬、握紧拳头、到处抓挠或吸吮手指头？

之后让他们重新坐回到圈内。

2. 身体语言：当我们疲倦时，我们的身体会做什么？你的身体以什么方式告诉你它累了？当我给你一个信号时，用你整个的身体来表达。现在让你的手表达它们很累。现在只用声音来表达你累了。以愤怒、害怕、伤心、快乐的体验重复这些问题。

3. 感受圆圈：现在试着想象一下，过去几天里，你的所有感受、情感都汇聚在一个圆圈里。这些感受各自是什么颜色、在哪个位置、占据多大的空间？用线条、颜色和图形在纸上画出来。你的快乐、害怕、伤心、生气、爱、嫉妒都有多大，是什么颜色？为每一种感受选择一个不同的颜色。

围成圆圈分享：在他们的感受圆圈里都有什么？

4. 感受圆圈里面是如何发生变化的？感受是如何变化的：是突然间变了，还是循序渐进地变化的？它取决于什么？例如——现在你伤心，然后你就开心了。或者你很高兴，然后有点不高兴，再然后感到伤心……

分享：孩子们谈论他们的感受是如何变化的以及取决于什么而变化。

5. 带领人陈述：感受是一个信使，它告诉我们，我们的需要是否得到了满足。比如，当你希望得到温柔相待，此刻爸爸或妈妈的爱抚，会让你感到满足；如果你没有得到爱抚，就会感到伤心。

工作坊 8：交流感受

工作坊提纲

1. 双人练习：感受的镜子
2. 带领人陈述
3. 背对背交流：围成圆圈分享
4. 猜感受
5. 信任练习：跷跷板

工作坊目标

1. 鼓励对感受的观察和表达；
2. 促进分享。

工作坊 8

交流感受

1. 双人练习：感受的镜子。两人一组结成 A 和 B 的搭档。当带领人给出信号，A 变换面部表情来表达各种各样的感受。同时 B 模仿 A，就好像 B 是 A 在镜子中的样子。2~3 分钟后互换角色。再一次强调除了面部以外，不能使用手或者任何其他的身体部位。

围成圆圈分享：在两个角色中都有什么样的感受，哪些是他们喜欢的？哪些是他们不喜欢的？表达感受和扮演镜子，哪个更难一些呢？

2. 带领人陈述：这个练习不仅是很好的面部肌

肉运动，还可以帮助我们更加了解，有多少肌肉参与了我们对感受的表达，我们可以做出多少种面部表情，这是多么宝贵的体验啊！

3. 背对背交流：两个人背靠背坐着，整个背部相互接触。（演示一下）当带领人发出信号，A只能用背部向B传递感受，传递完成后A告诉B"结束"。

你可以让他们从以下四种感受中选择一个：喜悦、伤心、生气、害怕。A可以自主选择表达哪一个以及如何去表达。当他们完成一个，就交换角色。最好可以让每一个人都能传递四种不同的感受。

围成圆圈分享：他们是否成功猜到了感受？这个游戏体验如何？

4. 猜感受：一个孩子回想一件发生在自己身上的事情，并且用面部表情和肢体动作表现出自己遇到这件事时的感受。小组中的其他孩子来猜测这是什么感受。猜对的孩子将成为下一个表演者。

5. 信任练习：跷跷板。两个人一组站在一起，抓住彼此的手腕，同时蹲下和起立，这样做几个来回。（如果需要，带领人可以走动提供帮助。）

工作坊 9：听与不听

工作坊提纲

1. 介绍游戏："小船与岩石"，分享感想
2. 带领人陈述
3. 不听的游戏：分享感想
4. 带领人陈述
5. 听的游戏：分享感想
6. 带领人陈述
7. 按摩放松

工作坊目标

1. 被倾听和没有被倾听的不同体验；
2. 意识到专心倾听对于相互理解的重要性。

工作坊 9

听与不听

1. 介绍游戏："小船与岩石"。

带领人提前准备好与孩子数量一样的小纸条。其中三张纸条上写"小船"，其余的纸条上写"岩石"。每个孩子从纸条中抽签。带领人邀请其中一个抽中"小船"的孩子，并蒙住他 / 她的眼睛。所有抽中"岩石"的孩子分布在进行游戏的空间中，坐着或者站着，不过要全程留在这个固定的位置上直到游戏结束。

被蒙住眼睛的孩子的任务是从房间（大海）的一侧走到另一侧，在"岩石"间安全地穿行而不触碰到他们。扮演岩石的孩子们在"小船"要靠近的时候，要发出海浪击打岩石的声音，类似于"啪、啪、啪……"，来警示"小船"需要改变航线了。当"小船"行驶到对岸，就会变成一块"岩石"，另一个扮演小船的孩子开始他的行程。之后是第三艘"小船"……每更换一艘"小船"，"岩石"们都可以改变一下自己在海中的位置。

围成圆圈分享：带领人询问扮演小船的孩子，在航行中感觉如何，"岩石"发出的声音是否能帮助他们找到路？对于扮演岩石的孩子们来说怎么样？有什么感想吗？

问所有人一个问题：在这个游戏中，有任何你学习到的东西吗？

2. 带领人陈述：关于提高倾听能力的重要性。

之后带领人邀请孩子们玩一个"不听"的游戏，来体验一下不被倾听的感觉。

3. 不听的游戏：孩子们两人一组，面对面坐好。

然后协商好谁是 1 号，谁是 2 号。当带领人做出手势时，1 号孩子开始讲述他 / 她周末做了些什么，或者他 / 她喜欢看的电视节目，也可以是他 / 她喜欢做的事情。而 2 号孩子的任务是通过滑稽表演、手势、身体动作来表明他 / 她根本没有在听。

1~2 分钟后，带领人邀请他们交换角色。2 号孩子开始讲述，1 号孩子做出不听的表现。

围成圆圈分享：带领人问孩子们，他们在不被倾听的时候感觉如何。讲述会有困难吗？不听对方的话有困难吗？

4. 带领人陈述：现在我们要玩一个倾听的游戏，来体验一下得到倾听的感觉。

带领人告诉孩子们，这次倾听者的任务是重复所有听到的内容，因此他们需要非常仔细地倾听并记住同伴所说的话。

5. 听的游戏：当带领人做出手势时，1 号孩子开始再次讲述和刚才一样的话题，他 / 她周末做了些什么，或者他/她喜欢看的电视节目，也可以是他/她喜欢做的事情。2号孩子仔细地倾听。1分钟后，带领人说"停"，然后2号孩子开始复述刚才1号孩子说的话。

完成之后，邀请他们交换角色，2号孩子讲述，1号孩子倾听。

围成圆圈分享：带领人问孩子们，他们在说话的时候得到了倾听的感觉如何。讲述会更容易吗？倾听会有困难吗？他们是否成功地复述了所有对方说的话？

6. 带领人陈述：对于我们所有人来说，在讲话时被倾听是多么重要，这有助于带来愉快的感觉并在人与人之间建立联结。倾听对于在课堂建立人际关系和建构回忆也至关重要。

7. 按摩放松：孩子们围成两个圆圈。每个圆圈里的孩子都为前面的人按摩一下肩颈和后背，同时也接受后面的人的按摩。

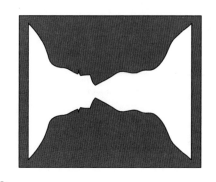

①

附录 1

（工作坊 10）

　　复印此页并沿虚线剪切，制作工作坊 10 所需的 3 张卡片。

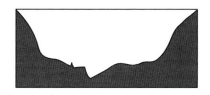

②

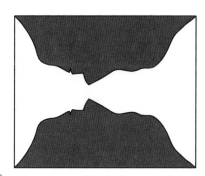

③

工作坊 10：沟通与误会（1）

工作坊提纲

1. 不同寻常的名字圈
2. 阿布拉 - 巴布拉
3. 误解的根源是彼此观点的差异：围成圆圈分享
4. 带领人陈述
5. 哑剧表演
6. 围成圆圈分享：为什么会有误解？

工作坊目标

1. 找出沟通中产生误解的原因；
2. 鼓励站在他人的角度考虑问题；
3. 鼓励非语言交流。

工作坊 10

沟通与误会（1）

1. 名字圈：用一种不寻常的、以前从来没有用过的方式说出自己的名字（鼓励孩子们找到属于自己的方式，比如：娜啊啊啊——达啊啊啊）。

2. 阿布拉 – 巴布拉：两个人一组，放松下巴和面部肌肉，以不清晰的吐字来交谈（热身练习）。

3. 误解的根源是彼此观点的差异：将孩子们分为两组，并分散在房间的不同角落，保持一定的距离，以确保两组彼此看不到对方正在看的东西。向第一组展示花瓶的图片（见附录1，图片①，第71页），让图片传递一圈，确保每一个人都看清楚。然后以同样的方式向第二组展示人脸剪影图（图片②）。接着把两张图片收起来，邀请大家回到圈中坐下。带领人慢慢在圈中绕一圈，用一些时间让孩子们看到花瓶和人脸剪影图的双义图（图片③）。

围成圆圈分享：问问孩子们在最后一张图里看到了什么（每一个人都描述一下）。然后将两张图都放在圆圈中间，让每一个人都可以看到。

分享不同的观点。为什么会出现分歧呢？

4. 带领人陈述：有些时候我们很难相互理解，那是因为我们看待问题的角度不一样。

带领人强调了解对方的观点对于彼此理解的重要性。

5. 哑剧接力：一个孩子想到一项活动，然后以哑剧的方式表演出来（比如在面包上抹黄油），第二个孩子试着猜一猜表演的是什么，然后接着创作自己的哑剧（例如拿起一个杯子）。接着第三个孩子来猜，再表演（把牛奶倒进杯子里）……没有语言，只是哑剧。也没有人纠正错误的猜测。直到所有人都表演完成，再对模仿表演做一个讨论。

6. 围成圆圈分享：他们想要表演的是什么？最后呈现的结果怎么样？为什么会有误会呢？

附录 2a

（工作坊 11）

复印此页并沿虚线剪切，制作工作坊 11 所需的 3 张卡片（指导绘画）。

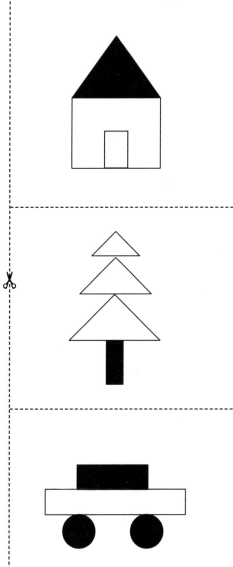

工作坊 11：沟通与误会（2）

工作坊提纲

1. 名字圈：像这样说出你的名字——米拉·米比拉帕……
2. 两人一组，听描述来绘画。分享原图和副本有差异的原因
3. "是"和"不"的游戏：围成圆圈分享说服的策略
4. 带领人陈述
5. 与父母的误会：当你说"我不要"的时候，爸爸妈妈会做什么呢？围成圆圈分享
6. 怎样做才能让孩子们和父母相处得更好呢？围成圆圈分享
7. 动作链

工作坊目标

1. 找出沟通中产生误解的原因；
2. 鼓励站在他人的角度考虑问题；
3. 鼓励非语言交流。

工作坊 11

沟通与误会（2）

1. 名字圈：像这样说出你的名字——米拉·米比拉帕……

2. 两人一组，听描述来绘画。两人背靠背坐着，坐得靠近些，以便听到彼此的声音。A 收到一张简单的画（见附录 2a，第 77 页；附录 2b，第 85 页），A 用语言描述这幅画，让 B 能够画出一幅一样的画，但不能说出画中图形的名称。例如：由两个圆形和两个正方形组成的卡车，A 不能说出它是卡车。如果画上是一张脸的样子（一个圆圈内有两个小圆和两条线），就不能说这是一张"脸"。B 画完后，比较

B 的画和原画，然后两人交换角色，用一幅新的画再做一次。

　　分享一下原图片和画的图片的不同。为什么会有不同呢？想要画得一模一样困难吗？为什么？

　　提示：这个活动的目的不是画出与原画一模一样的画，而是让孩子们知道每个人看事物的方式都不一样，向与你所见不同的人传达信息是很不容易的事情。（让孩子们明白：很难把我所见到的任何东西传达给不曾亲眼看见的人。）

　　3. "是"和"不"的游戏。让孩子们面对面站成两排。第一排孩子们的任务是要一直说"是"，并设法让对面的孩子们也说"是"。第二排孩子们的任务是一直说"不"，并设法让对面的孩子们也说"不"。大家同时说话，可以自由使用非语言的技巧和各种各样说服的策略。

　　分享：他们是否成功地让对面的伙伴说出了他们想让对方说的话？

4. 带领人陈述：有时我们很难跟彼此相处，因为我们不想做对方试图说服我们做的事情（就像在这个游戏中）。我们不喜欢被强迫。

5. 与父母的误会：当你说"我不想这样做"的时候，妈妈会做什么呢？当你说同样的话，爸爸会做什么呢？围成圆圈分享。

6. 怎样才能和父母相处得更好呢？（让孩子们给出建议。）向大家展示以不同的方式来表达"我不想这样做"，表达出是什么妨碍你说"是"，你的需要是什么。例如："我想要自己做决定。"围成圆圈分享。

7. 动作链：带领人做一个动作，旁边的人把动作传递给下一个人。游戏规则：不管其他人做了什么动作，你只接收来自自己前面的人的动作。在所有的孩子结束传递第一个动作前，带领人开始新的动作。带领人发送的动作如下——

（1）打响指；

（2）拍大腿；

（3）一边拍大腿一边跺脚；

（4）跺脚；

（5）僵住。

附录 2b

（工作坊 11）

复印此页并沿虚线剪切，制作工作坊 11 所需的 3 张卡片（指导绘画）。

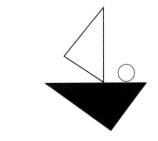

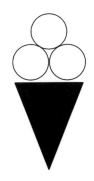

工作坊 12：合作（1）

工作坊提纲

1. 小球游戏
2. 小组安静绘画：没有商讨
3. 展示绘画作品：分享体验
4. 结束游戏：快乐的淋浴

工作坊目标

1. 培养合作意识；
2. 激发非语言的交流；
3. 激发想象力。

工作坊 12

合作（1）

1. 小球游戏（或者一个纸团）：围坐一圈，把球扔给其他人，但在扔之前，需要先喊出对方的名字，或者也可以说出目标人物的头发或眼睛的颜色来替代名字。

2. 安静绘画：将孩子们分成四人一组。他们的任务是创建一个小组项目，但不允许他们提前就主题达成一致，也不允许在画画时说话。带领人发出信号后，他们同时开始绘画。每个人都用自己的 A4纸，画他／她想要画的东西，但不能看小组中的其他人在画什么。完成后，他们再一起讨论怎样把四幅画连在一起，邀请他们创作一个故事来连接这四幅画，并给故事起一个名字。

3. 展示绘画作品：每组选一个代表展示作品，并讲述由这些画创作出来的故事。（留意故事的主题如何出现在绘画作品中。）

围成圆圈分享：对于如何组合绘画作品和构思故事方面达成一致意见是否有困难？

4. 结束游戏：快乐的淋浴。让孩子们面对面站成两排。从一端开始，一个孩子在两排之间走过。其他人对他／她说一些友善的话，对他／她微笑或轻轻抚摸他／她。当第一个孩子走完后，重新站回队伍里，下一个孩子开始，以此类推。

工作坊 13：合作（2）

工作坊提纲

1. 名字圈："我的名字是……，我喜欢……"下一个孩子复述
2. 盲画：展示，围成圆圈分享
3. 运气球：围成圆圈分享体验
4. 活镜子

工作坊目标

1. 培养合作意识；
2. 激发非语言的交流；
3. 激发想象力。

工作坊 13

合作（2）

1. 名字圈："我的名字是米拉，我喜欢……"下一个孩子复述"米拉喜欢……我的名字是德扬，我喜欢……"以此类推。每一个孩子都复述前一个孩子的名字和话语。

2. 盲画：7~8 人一组。给每组一张纸（20 厘米×150 厘米）。每组有一个孩子开始画画。其他人不能看到他／她画了什么。这个孩子画一个主题的一部分或一个开始，然后把纸折叠起来，他／她的画就不会被其他人看到。只有一点点露在外面，这样下一个孩子知道从线条的末端开始继续作画。游戏就这样继续下去，一直画到纸的尽头。最后，他们展开画纸，观赏成果，并为这幅合作的作品题名。

展示：小组代表展示绘画作品和题名。

围成圆圈分享：在这个游戏中感觉如何？

3. 运气球：两人一组。将2~3个吹好的气球放在丝巾上（纸或布也可以，8~10厘米宽）。两个人要带着丝巾上的气球穿过房间，不能让气球掉下来（两个人各握住丝巾的一端）。

小组分享：遇到了什么困难吗，为了防止气球掉落，他们做了什么？

4. 活镜子：所有人同时来做这个游戏。两人一组面对面站好。一个孩子想到一个动作（比如，梳头发）并开始慢慢地做出这个动作。另一个孩子模仿他/她，就好像他/她是对方镜子里的影子一样。做动作的孩子增加新的动作，而另一个孩子则继续像镜子一样模仿他/她，以至于到最后你都难以分辨谁在表演、谁是镜子。交换角色。

I Like ......

工作坊 14：梦

工作坊提纲

1. 哑剧游戏：吃东西
2. 你梦到了什么：围成圆圈分享
3. 画出你最可怕的梦
4. 画出你最美好的梦，围成圆圈分享
5. 分小组表演梦境，观众评论
6. 结束游戏：围成圈坐在腿上

工作坊目标

1. 让孩子们表达内心世界；
2. 激发想象力；
3. 鼓励合作。

工作坊 14

梦

1. 哑剧游戏：吃东西。表演一个哑剧，假装你正在吃东西。首先想到你要"吃"什么。然后表演你是怎么吃的。其他人尝试猜测你在吃什么。接着轮到下一个孩子表演，即使猜错了也继续。

2. 你梦到了什么：当我们睡觉时，有时会梦到一些愉快的事情，有时会梦到一些不愉快或可怕的事情。

围成圆圈分享：最近几天你做了什么梦，是愉快的还是不愉快的？

3. 画出你最可怕的一个梦。

4.（等他们画完）再画出你最美好的一个梦。

围成圆圈分享：每一个孩子展示他／她的绘画作品，并解释一下这幅画。

5. 分小组表演梦境。现在让我们表演一下你的梦。我们将分成4组。每个小组中的所有人将共同决定你们会选择哪一个梦来表演，以及如何表演。

让每个小组从他们美好的和可怕的梦中自由选择他们想要表演的内容。帮助他们避免在选择角色时发生争执，鼓励他们在剧中添加一些绘画作品中没有的新元素。让他们进行排练。在每个小组表演结束后，观众们可以发表意见：他们喜欢什么，不喜欢什么，是否喜欢这个结尾。鼓励他们找到积极、乐观的梦境结束方案（如果他们还没有这样做的话）。

6. 结束游戏：让孩子们站成一个紧密的圆，脸朝向前面一个人的后背，左脚朝向前面的孩子迈出去。他们彼此靠得很近，这样每一个孩子的左脚会碰到前面那个孩子的左脚，也碰到了后面一个孩子的左脚。然后大家同时坐下，坐在后面那个人的大腿上。如果完成得好，他们甚至可以尝试以这种方式集体慢慢地移动。

工作坊 15：愤怒（1）

工作坊提纲

1. 加上"啊哈"的名字圈
2. 愤怒的体验：联想游戏
3. 愤怒的内在体验：身体定位。围成圆圈分享
4. 平静的策略：围成圆圈分享
5. 带领人提出平静的策略：练习
6. 身体结

工作坊目标

1. 给他们一个表达愤怒的机会；
2. 发展积极应对而不是压抑愤怒的策略。

工作坊 15

愤怒（1）

1. 名字圈：用你最大的声音喊出你的名字，然后在喊出名字后，加上响亮而尖锐的声音"啊哈"。（比如，"玛拉——啊——哈！"）

2. 愤怒的体验：联想游戏——以下面的句式快速接力，"当……的时候我会感到生气，我生气的时候，感觉自己……（要爆炸了）"。

3. 愤怒的内在体验：身体定位。我们都会有生气或者抓狂的时刻。闭上眼睛，试着回忆一下当你生气或抓狂时候的感受：愤怒是从你身体的哪个部位开始发生的，它是如何蔓延的，到达了哪些地方？

围成圆圈分享：你身体的哪个部位感到愤怒，它从哪里开始，如何蔓延开来，到达了身体多远的地方？

4. 平静的策略：围成圆圈分享——当你生气的时候，你是如何重获平静的呢？你会做些什么？会想些什么？最容易令你平息的方法是什么呢？

5. 带领人提出平静的策略：让我们来看看，当我们感到生气的时候，可以做什么来充分地表达我们自己，同时，也不会继续伤害自己或他人。

（1）用力拧毛巾。

（2）一边大喊一边用毛巾或用手拍打床。

（3）涂鸦：给孩子们发一张纸，让他们用疯狂地涂鸦来表达愤怒。（他们可以画一个让他们生气的东西或人，然后在上面胡乱涂抹，或者把纸揉成一团，有多远扔多远。）

（4）发出狮子般的怒吼——跪坐着，将双手放在膝盖上。然后张开嘴，放松面部肌肉，尽量伸出舌头，让空气从肺部呼出来。然后重复这个动作，但这一次要从肺的底部发出一声尖叫，就像狮子一样。

（5）放松练习：坐下来，慢慢地呼吸，想象一股放松的气流从你的头顶开始流动，包裹着你，一直流到你的脚趾。

6. 身体结：站成一圈，手拉手。形成一个身体结，双手紧紧握住，从彼此的腋下穿过，互相缠绕，直到再也无法动弹。然后再试着解开这个结，但双手仍然要保持紧握。

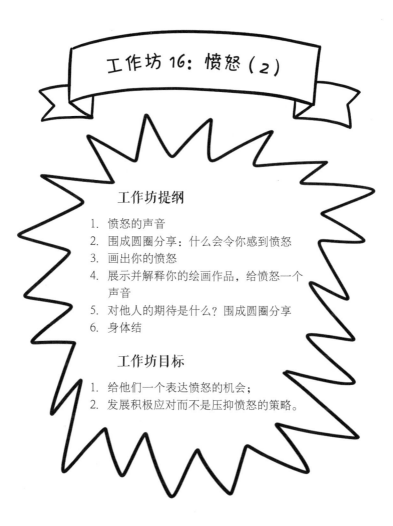

工作坊 16：愤怒（2）

工作坊提纲

1. 愤怒的声音
2. 围成圆圈分享：什么会令你感到愤怒
3. 画出你的愤怒
4. 展示并解释你的绘画作品，给愤怒一个声音
5. 对他人的期待是什么？围成圆圈分享
6. 身体结

工作坊目标

1. 给他们一个表达愤怒的机会；
2. 发展积极应对而不是压抑愤怒的策略。

工作坊 16

愤怒（2）

1. 愤怒的声音。找到最能代表你愤怒的声音或者音节。可能是"呲呲呲"，或者是咆哮的声音"吼吼吼"。让我们一起，用各自的方式发出这个声音。

2. 围成圆圈分享：什么会令你感到愤怒？

3. 画出你的愤怒。用形状和颜色来展示你愤怒的样子。

4. 围成圆圈分享：展示并解释一下你的绘画作品。在一个孩子完成展示以后，问一问他／她：现在给你的愤怒一个声音，听起来像什么？愤怒时想要说什么？

5. 对他人的期待：当你感到愤怒的时候，你希望其他人做些什么呢？围成圆圈分享。通常人们会做些什么？围成圆圈分享。我们如何可以改变这个状况呢？围成圆圈分享。

6. 身体结：站成一圈，手拉手。形成一个身体结，双手紧紧握住，从彼此的腋下穿过，互相缠绕，直到再也无法动弹。然后再试图解开这个结，但双手仍然要保持紧握。

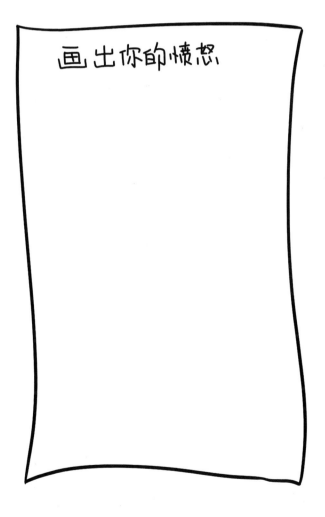

工作坊 17：侮辱性的绰号

工作坊提纲

1. 分享：他们喜欢的很搞笑的话
2. 侮辱性的绰号：联想并列出清单
3. 分享受到侮辱的人的感受和需要
4. 分享侮辱背后的原因
5. 带领人陈述
6. 给自己选一个绰号：分享选择这个绰号的原因
7. 结束游戏：奔跑的老鼠

工作坊目标

1. 意识到绰号可能具有侮辱性；
2. 学会关心他人的感受和需要；
3. 玩耍时不要互相伤害。

工作坊 17

侮辱性的绰号

1. 他们喜欢的很搞笑的话

带领人朗读与搞笑有关的词句或短文。

小组分享：你喜欢哪些搞笑的话？带领人邀请孩子们自由联想……

2. 有侮辱性的绰号

带领人陈述：有些话你可能觉得非常搞笑，但对其他人来说却带有侮辱性。比如绰号，你有不喜欢的绰号吗？或者你觉得这个绰号对你的朋友来说是有侮辱性的吗？

孩子们说出这些绰号，带领人把它们写在白板上。如果孩子们会写字，也可以让他们写在小卡片上。

3. 分享被侮辱的人的感受和需要

带领人一个接一个地读出写在白板或卡片上的绰号，让孩子们猜一猜，如果有一个孩子被起了这些绰号（比如"大胖子""瞎子"），他／她会是什么感受呢？为什么他／她会有这样的感受？他／她的需要是什么？

带领人邀请孩子们想象：如果是自己被这样起绰号，会有什么感受？为什么？有哪些需要没能得到满足呢？（因为他们需要来自同伴的欣赏、接纳等。）围成圆圈分享。

4. 分享侮辱背后的原因

为什么孩子们会给别人起绰号？

如何既有乐趣又不会彼此伤害地玩耍呢？

5. 带领人陈述

当你想要给其他人起绰号的时候，核实一下对方对此的感受很重要。如果你看到对方不高兴了，就不要再用这个绰号了。

6. 给自己选一个绰号

带领人邀请孩子们分享一个他们自己喜欢的绰号，并说说为什么喜欢。

围成圆圈分享：选择的绰号和理由。

7. 结束游戏：奔跑的老鼠

孩子们围成一个圈。带领人邀请他们想象一下，现在有一只小老鼠正绕着这个圈，从左到右地奔跑。所以当老鼠到达他们所在的位置时，他们需要先抬起左脚，再抬起右脚，这样老鼠就可以钻过去。游戏要进行几个回合，并且每个回合都会加快速度……

工作坊 18：告状

工作坊提纲

1. 在班级里告状：在小组角色扮演，每一轮角色表演后分享——他们感觉如何，有哪些需要没有被满足（孩子们的和老师们的）
2. 带领人陈述
3. 大组分享：什么样的误解是孩子们可以在不向老师汇报的情况下自行解决的？怎么做到呢？
4. 小组角色扮演：3 步转化故事情节
   大组分享：这是一个令人满意且可实现的解决方案吗？他们是如何找到这个解决方案的?
5. 列出困扰自己的同伴行为清单
   大组分享：老师把清单写在白板上
6. 感受标识：绘画。分享绘画作品

工作坊目标

1. 认识自己及他人的感受和需要；
2. 为解决同伴之间的误解和冲突承担起责任。

工作坊 18

告状

1．在班级里告状。

在小组角色扮演：把孩子们分成小组，每组五个人。四个人扮演孩子，一个人扮演老师。每个小组的任务是为大组准备一个关于告状的故事表演，他们中的一些人扮演向老师告状的孩子，扮演老师角色的孩子试图以他/她选择的方式让孩子们可以和平相处。

每一轮角色扮演后分享：带领人询问每一个参与者的感受，他们有哪些需要没有得到满足。

2．带领人陈述：告状并不能为困扰你的事情带来改变，反而会让大家都感到不满。老师不满意，因

为他 / 她希望看到学生们之间的和谐相处和友情，并确信他们能够在不告诉老师的情况下自己解决误解。

3. 大组分享：什么样的误解是孩子们可以在不向老师汇报的情况下自行解决的？怎么做到呢？

4. 告状者的转变。

在小组角色扮演：孩子们再次回到第一次角色扮演的小组中。这次的任务是：

（1）向做出困扰你行为的孩子直接表达你的感受，告诉他 / 她，当对方在做困扰你的行为时，你的什么需要没有得到满足。

（2）尝试猜测这个孩子为什么会有这样的行为，他 / 她的感受和需要是什么。通过询问"你感到……因为你需要……"来进行核对。

（3）尝试找到一个让所有人都满意的、能满足需要的方法。

大组分享：这是一个令人满意且可实现的解决方案吗？他们是如何找到这个解决方案的？

5．列出困扰自己的同伴行为清单。

带领人陈述：让我们列出一份困扰你的同伴行为清单。回忆一些你不喜欢的同学的行为。

大组分享：老师把清单写在白板上。

6．感受标识：绘画。

带领人：做一个标识，用来提醒你，向做出困扰你的行为的孩子直接表达你的感受。你会画什么来达成这个目的呢？重要的是这是属于你自己的独特标识……（孩子们绘画。）

工作坊 19：冲突

工作坊提纲

1. 冰冻愤怒的雕像游戏
2. "小魔法师"游戏：画"猫和狗和平相处"，在大组中展示解决方案并进行分类。在大组中分享：他们创造的解决方案
3. 带领人陈述
4. 我的冲突：和谁有关？是关于什么的冲突？为什么会有冲突？围成圆圈分享
5. 建议：如何解决冲突并令各方都满意？
   角色扮演：两个志愿者扮演冲突的发生，并提供解决方案讨论——他们是如何达成这个解决方案的？双方是真的满意吗？
6. "电影或童话故事"表演游戏。分到小组里，做冲突角色扮演，提出解决方案
7. 结束游戏：身体结

工作坊目标

1. 促进建设性地解决冲突。

工作坊 19

冲突

1. 冰冻愤怒的雕像游戏

孩子们在房间里走来走去，相互碰撞。当给出一个信号后，他们要在一个愤怒或抓狂的状态中冰冻住。带领人走近孩子，逐一地"解冻"他们，并向每一个孩子询问："你现在是谁？你为什么会有那样的感受？"

2. "小魔法师"游戏：绘画

让孩子们想象自己是有魔力的，可以做他们想做的任何事。他们将如何解决小猫和小狗争吵不休的问题？请他们画出问题的解决方案。他们如何为小猫和小狗带来和平？为了让它们和平地生活，孩子们会对小猫和小狗做什么？如何改变它们，或者会给它们带来什么？（鼓励他们发挥想象力，寻找自己的解决方案。）

然后对这些绘画作品进行分类并进行比较。以下是这个年龄段的孩子给出的各种解决方案：把它们绑起来；把它们关在两个笼子里，中间砌一堵墙；发明一个具有两种动物特征的组合动物；给它们各自喜欢的东西；引入第三人，即调解员；从出生起就一起抚养它们；有一根能让它们彼此相爱的魔法棒……

围成圆圈分享：他们想出了什么解决方案？

3. 带领人陈述：带领人指出，在每次冲突中，双方都有必要做出一点点改变以考虑对方的需要。

4. 我的冲突：你最经常与谁发生争执？是关于什么的争执？为什么？

围成圆圈分享：带领人建议孩子们聚焦在冲突双方的需要上。

5．建议：如何解决冲突并令各方都满意？我们的冲突通常是以要么一方胜利一方失败，要么就双方皆输，或者以一方输一点、一方赢一点的方式告终。现在，我们将寻找一个能够满足所有人需要的创造性解决方案。

（孩子们选择一个典型的冲突，带领人邀请两名志愿者来做角色扮演。首先，他们按照现实生活发生的场景表演冲突，然后小组提出一个建设性的解决方案。）如何以新的方式解决冲突？怎样才能让双方都满意呢？志愿者把每一个建议的解决方案都表演出来。

讨论：他们是如何达成这个解决方案的？双方是真的满意吗？

6．"电影或童话故事"表演游戏

如果遇到一些困难：鼓励他们想象如何在喜剧或童话故事中解决冲突。把孩子们分成小组，选择一个冲突，并将其呈现为一切皆有可能发生的电影或童话故事中的场景。

7. 结束游戏：身体结。7~8个孩子围成一圈，闭上眼睛，将手臂交叠放在身前，然后伸手去拉住旁边人的手。当每只手都握住另一只手时，睁开眼睛并尝试解开这个身体结。游戏规则是要安静地来进行，不能开口说话。

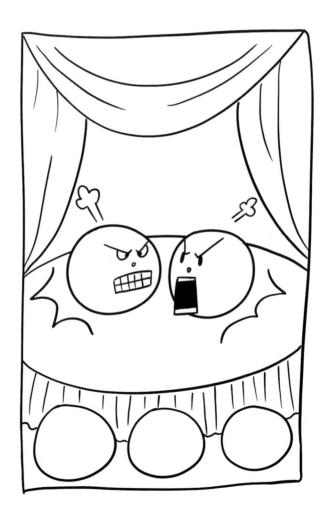

工作坊 20：害怕（1）

工作坊提纲

1. 闭着眼睛行走，围成圆圈分享体验
2. 体验害怕：联想游戏
3. 害怕的内在体验：身体定位，围成圆圈分享
4. 带领人陈述
5. 积极应对害怕的策略，围成圆圈分享

工作坊目标

1. 给孩子们表达和分享害怕的机会；
2. 发展积极应对而不是压抑害怕的策略；
3. 激发想象力；
4. 促进合作与分享。

工作坊 20

害怕（1）

1. 闭着眼睛行走：所有孩子各自选择房间里的一个位置站好，并与身旁的人保持 40~60 厘米的距离。带领人发出指令之后，孩子们闭上双眼，然后开始任意行走，去到任何自己想去的地方。在这个过程中，始终保持沉默，双臂紧贴身体。当听到"停！"的口令，立刻僵在原地，保持双眼紧闭，也不要用手去触摸，尝试猜一猜自己的周围有几个人、与他们的距离大概有多远。

可以这样说来帮助他们："试着猜一猜是否有人站在你身后，你的左侧、右侧，还有前面。不过不要睁开眼睛！"20秒以后，让他们睁开眼睛来确认一下自己是不是猜对了。重复这个游戏两次。

提示：关注在游戏过程中孩子们行走的状态，看起来有没有安全感；他们是聚在一起的，还是自由地移动；是互相碰触还是把胳膊举在胸前；是"咯咯"笑出声音还是在窃窃私语。总之，关注一下孩子们是否有不安的情绪出现。

围成圆圈分享：行走时感觉如何？是否感觉到害怕？如果有，害怕的是什么呢？他们的猜测准确吗？

2. 体验害怕：联想游戏。快速填充句子：

• 我害怕得好像……（例如：兔子）

• 我害怕的时候……（例如：身体都僵住了）

• 感到害怕时我想要……（例如：大声呼叫）

3. 害怕的内在体验：身体定位。孩子们会拿到一张人形图。然后在人形图中标记出自己受到惊吓时，身体哪个地方有害怕的感觉。从哪里开始，向哪里扩散蔓延,是什么颜色,有多么强烈,大小如何……尝试用颜色表达出来。

围成圆圈分享:在哪些部位感受到什么样的害怕?(展示绘画作品并解释。)

4. 带领人陈述:当我们提到害怕,通常会觉得它很困扰我们。但其实有些害怕却对我们有所助益,因为它提示我们要躲避危险。(比如,摩托的轰鸣、突然地移动……)

5. 积极应对害怕的策略:你是如何应对害怕的?你会做什么来摆脱害怕?

围成圆圈分享。

害怕到身体僵住　　我害怕的像 鬼

感到害怕时我想要
大声呼叫

工作坊 21：害怕（2）

工作坊提纲

1. 名字圈：害怕得悄声说
2. 回忆你害怕的场景、事件、物品或人
3. 画出你最害怕的，围成圆圈分享
4. 打败害怕的小帮手
5. 应对害怕的盾牌：小组合作
   分享：小组代表展示盾牌并解释
6. 结束游戏：ZOOM-BA

工作坊目标

1. 给孩子们表达和分享害怕的机会；
2. 发展积极应对而不是压抑害怕的策略；
3. 发展积极的解决问题的方法；
4. 激发想象力；
5. 促进合作与分享。

工作坊 21

害怕（2）

1. 名字圈：假装很害怕的样子，小声说出自己的名字。

2. 回忆：闭上眼睛，回想你害怕的场景、生物、事件、物品或者某个人（1分钟）。

3. 画出你最害怕的东西。

围成圆圈分享：什么让你感到害怕？你害怕的是什么？

4. 我们能做什么来积极应对困扰我们的害怕呢？可以运用想象力来应对。闭上眼睛，想象你拥有一个小帮手，它将会处理所有不必要的让你感到害怕的事情。它可以是童话故事中的形象，也可以是现实中一个真实的人物，又或者是一个你想象出来的人或物……重要的是，你要想到一个办法，当你需要帮助的时候，你会召唤它。

围成圆圈分享：你的小帮手是谁？它是如何帮助你的？

5. 应对害怕的盾牌：现在，四人一个小组，我们将制作应对害怕的盾牌。盾牌上要包含所有帮助我们积极应对害怕的东西。你可以尝试画出你经常害怕的东西，并在其中添加一些其他的元素，这样这幅画就会变得十分有趣……你也可以画你的小帮手……你的盾牌你做主……给每个小组一张大纸。他们按照自己喜欢的方式进行：每个人在属于自己的一角里画画，或者他们可以先决定要画什么，然后一起来画……

围成圆圈分享：小组代表展示并解说自己小组的盾牌。

6. 结束游戏: ZOOM-BA。一个人说"ZOOM"，坐在他旁边的人继续快速地说"ZOOM"，并将这句话传给身边的人，大家轮流说下去。直到有一个人说"BA"。然后按照刚才传递的反方向开始，说"ZOOM"，反向继续传递，直到再次有人说"BA"。以此类推。

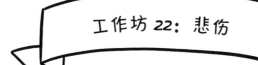

工作坊 22：悲伤

工作坊提纲

1. 画一张悲伤的脸
2. 什么会让你感到悲伤？围成圆圈分享
3. 悲伤的内在体验：身体定位。围成圆圈分享
4. 悲伤的时候通常你会做什么呢？你喜欢独处还是会找人陪伴？那个人是谁？围成圆圈分享
5. 你很容易哭吗？上一次哭泣是什么时候？围成圆圈分享
6. 带领人陈述：对自己微笑
   围成圆圈分享：现在感觉如何？
7. 为了不再悲伤，你会做些什么？围成圆圈分享
8. 其他人怎么做会让你开心起来？朋友？父母？分享
9. 雕塑游戏：雕塑和雕塑家
   围成圆圈分享：对雕塑游戏感觉如何？是否感受到情绪的变化？如果有，那是发生在哪个时刻？
10. 欢乐群雕塑

工作坊目标

1. 给孩子们一个表达和分享悲伤的机会；
2. 发展积极应对悲伤的策略；
3. 增进友谊。

工作坊 22

悲伤

1. 画一张悲伤的脸。每一个孩子都需要绘画。

2. 什么会让你感到悲伤？围成圆圈分享。

3. 悲伤的内在体验：你身体的哪个部位感受到了悲伤？你的悲伤是什么颜色？（他们会拿到一张人形图，在上面标记出他们悲伤的体验在哪里，是什么样子。）

围成圆圈分享：他们悲伤的体验在哪里？是什么样子？

4. 悲伤的时候通常你会做什么呢？你喜欢独处还是会找人陪伴？那个人是谁？围成圆圈分享。

5. 你很容易哭吗?

带领人陈述:哭是一件好事情。哭可以让我们放松、平静下来。上一次哭泣是什么时候?围成圆圈分享。

6. 带领人陈述:知道如何对自己微笑同样很重要,让我们来试试——

闭上眼睛,然后对自己微笑。保持这样的神情,直到我说"好啦"(保持微笑1分钟)。

围成圆圈分享:现在感觉如何?

7. 为了不再悲伤,你会做些什么?围成圆圈分享。

8. 其他人怎么做会让你开心起来?朋友?父母?分享。

9. 雕塑游戏:我们可以做什么来帮助彼此感觉好起来呢?(分成两个小组,其中一组的孩子站起来摆出"悲伤的雕塑",就是摆出他们悲伤时通常会呈现的姿态。第二组的任务是对"悲伤的雕塑"进行雕刻,以让他们成为"快乐的雕塑"。每一个雕

塑家只能对一个雕塑做出一种改变，使其变得快乐。
雕塑家可以移动雕塑的手、腿、脖子、头部等。完
成对一个雕塑地调整后，雕塑家就调整下一个雕塑，
以此类推。）当所有雕塑家都完成后，他们会对自
己的作品进行评估；看看对他们共同的艺术作品是
否满意。（所有的雕塑一直保持静止，大约 7 分钟。）
然后他们交换角色，游戏重新开始（约 7 分钟）。

　　围成圆圈分享：做雕塑家感觉如何，当雕塑感觉如何？是否感受到情绪变化？如果有，那是发生在哪个时刻？

　　10. 结束游戏：让我们一起来做一个欢乐雕塑吧！所有人一起做欢乐雕塑。（如果可以的话，拍张照片！）

工作坊 23：我的愿望

工作坊提纲

1. 用身体表达感受
2. 为了得到自己想要的东西，通常你会怎么做呢？你会怎样和父母提出请求呢？围成圆圈分享
3. 许愿仙子：想象并画出自己的愿望。围成圆圈分享：现在感觉如何？他们的愿望是什么？
4. 制作愿望海报
5. 魔法机器：想象、绘画。围成圆圈分享
6. 结束圈：当我感到快乐的时候，我感觉像……

工作坊目标

1. 激发想象力和积极的感受。

工作坊 23

我的愿望

　　1．用身体表达感受：一个孩子用身体表达感受，其他人跟着模仿肢体动作和面部表情。

　　2．为了得到自己想要的东西，通常你会怎么做呢？你会怎样和父母提出请求呢？围成圆圈分享。

　　3．许愿仙子：闭上眼睛，想象你遇到了一位许愿仙子，你的愿望是什么呢？睁开眼睛，把你的愿望画出来。

　　围成圆圈分享：在这个练习里感觉如何？他们的愿望是什么？

　　4．制作愿望海报：把所有的海报都粘贴在墙上

（相似的或者相互补充的可以贴在一起）。

5. 魔法机器：再一次闭上眼睛，想象有一台可以实现你的愿望的魔法机器。这台魔法机器是什么样子的？它可以做些什么？它能实现什么愿望？如何启动它？先在想象中把它创造出来，然后再把它画出来。

围成圆圈分享绘画作品并描述。

6. 结束圈：当我感到快乐的时候，我感觉像……在飞翔……或者……（首先让他们说出来，到第二轮的时候，让他们用身体表现出来——他们快乐的样子。）

工作坊 24：我和他人眼中的我

工作坊提纲

1. 你的身体可以发出什么声音？展示、模仿
2. 制作自画像，并为它添上感受之云
3. 将这张自画像和工作坊 2 制作的自画像进行比较。围成圆圈分享：展示并评说绘画作品。有什么变化吗？为什么发生了变化？
4. 画一张画像，是你希望自己长大以后的样子。围成圆圈分享：展示并描述绘画作品
5. 你喜欢自己的哪些方面？围成圆圈分享
6. 你的父母最喜欢你什么呢？围成圆圈分享
7. 你的朋友们喜欢你什么呢？围成圆圈分享
8. 信任练习：两人一组，蹲下站起

工作坊目标

1. 让孩子们了解自己的品质，彼此的相似之处和不同之处。

工作坊 24

我和他人眼中的我

1. 你的身体可以发出什么声音？一个孩子找到一种可以让身体发出声音的方式，举手示意，然后做出这个动作，其他人重复。（打响指、拍手……）

2. 在 A4 纸上画出你自己：制作自画像，画得让人一眼就能认出这是你。（等所有人画完了）对大家说——

现在，用一朵云（提醒他们，在动画片里一个角色心里想些什么,常常在一个像云的图形里出现）表达你今天的感受，你的心情，用你喜欢的方式来使用颜色。选择能代表你感受的颜色。如果从早上到现在，你的感受有变化，就用不同的颜色来表现。

3. （当大家都完成任务以后）将这张自画像和工作坊 2 制作的自画像进行比较：现在把工作坊 2 的自画像发给孩子们。

围成圆圈分享：展示你的自画像并描述一下你画了什么。从工作坊 2 到现在，你有什么变化吗？为什么会有这些改变呢？

4. 画一张画像，是你希望自己长大以后的样子。那个时候，你希望自己有什么变化呢？

围成圆圈分享：展示并描述画像。

5. 你喜欢自己的哪些方面？哪些特质是你自己所喜欢的？围成圆圈分享。

6. 你觉得妈妈最喜欢你什么呢？爸爸呢？围成圆圈分享。

7. 你的朋友们喜欢你什么呢？围成圆圈分享。

8. 信任练习：两人一组，背靠背站好，用手肘拉在一起，然后蹲下再站起，重复几次。

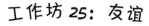

工作坊 25：友谊

工作坊提纲

1. 热身游戏：发送 / 接收并改变面部表情
2. 友谊是当……围成圆圈分享
3. 当……的时候不是友谊，围成圆圈分享
4. 两人一组画人形，在小组中写 / 画出个人的积极信息
5. "神秘朋友"游戏说明：选择一个神秘朋友

工作坊目标

1. 发展友谊的概念；
2. 建立新的友谊。

工作坊 25

友谊

1. 热身游戏：发送／接收并改变面部表情。带领人开始向他旁边的孩子展示一些不寻常的面部表情。这个孩子重复做这个表情并加上自己新的表情再传递给圈里的下一个孩子，以此类推。

2. 联想游戏：友谊是……

围成圆圈分享：关于友谊的观点和经历。

3. 联想游戏：当……的时候不是友谊。

围成圆圈分享：缺乏友谊或与友谊相对的情景和行为。

4. 两人一组画人形：首先，两人一组，让他们互相画出对方的身体轮廓（一个人躺在一张大纸上，另一个人绕着他的身体画出轮廓，然后交换）。然后每个人在自己的人形图上写下名字。

大组活动：每个孩子都在其他孩子的人形图轮廓内写下友好的、针对他 / 她个人的信息。

5. 游戏"神秘朋友"的说明：带领人通知孩子们，他们将被邀请从盒子里抽取一张纸条。每张纸条上写着他们班任意一个孩子的名字。这个名字对其他人来说是个秘密。只有抽纸条的孩子知道，他就是这个孩子的神秘朋友，直到下一次工作坊：送他 / 她一些表示关注的小礼物（图画、友好的留言、糖果，或者对方喜欢的任何东西），帮助并让他 / 她感到快乐。

但秘密谋划对于这个游戏来说是非常关键的：他们要留意不被认出来，保持神秘。所以他们需要偷偷地送礼物，请别人把礼物送给他们的神秘朋友，或者偷偷放在他 / 她的椅子上，并附上"来自你的

神秘朋友"的留言。

选择一个神秘朋友：带领人把班级里所有孩子的名字都写在小纸条上，放在盒子里。如果孩子们的数量不是偶数，带领人就把自己的名字写下来放在盒子里。孩子们一个接一个拿出一张纸条，提醒他们要在下一次工作坊之前，在心里一直悄悄地念纸条上自己选到的朋友的名字。记住了名字以后，把纸条藏起来，让它成为秘密。如果有孩子抽到了自己的名字，就让他把纸条放回来，重新抽取一张。

工作坊 26：神秘朋友

工作坊 26：神秘朋友

工作坊提纲

1. 热身游戏：发送 / 接收并改变声音
2. 发现你的神秘朋友
3. 分享关于"神秘朋友"游戏的体验
4. 准备如何为家庭成员的快乐作出贡献。交换想法
5. 结束游戏：大象和棕榈树

工作坊目标

1. 激发给予和接受关心的愿望。

工作坊 26

神秘朋友

1. **热身游戏：发送/接收并改变声音。**带领人发出一些不寻常的声音，传递给身旁的孩了，这个孩子重复这个声音，并加上一些自己的声音再传给下一个孩子，以此类推。

2. **找到你的神秘朋友。**所有参与者坐成一个圆圈。一个孩子进入圆圈的中心，并闭上眼睛站在这里。然后他的神秘朋友来到中间，闭眼睛的孩子通过触摸神秘朋友的脸庞来猜测他是谁（始终闭着眼睛）。直到猜出这个神秘朋友是谁之后，第一个孩子回到圆圈上，这个神秘朋友闭上眼睛，开始继续猜测他的神秘朋友，以此类推。

3. 分享关于"神秘朋友"游戏的体验：孩子们
分享他们是怎么让他们选择的朋友感受到快乐的？
他们做了什么？当他们收到来自神秘朋友的信息或
者礼物的时候，是什么感受？

4. 准备如何为家庭成员的快乐作出贡献。

交换想法：孩子们分享他们准备如何为父母、
兄弟姐妹、朋友的快乐作出贡献的想法。他们想要
把惊喜给谁？如何给？在小组里分享。

5. 结束游戏：大象和棕榈树

所有的孩子站成一个圆圈。一个孩子站在圆圈中
间，用手指向一个孩子，再指向另一个孩子，说"大象"，
或者"棕榈树"。被指定为"大象"的孩子弯下腰，
把手臂合在一起，模仿大象的鼻子。站在他/她左右
两边的孩子则分别举起自己的左/右手，模仿大象的
耳朵。被指定为"棕榈树"的孩子举起双臂，站在左
右两边的孩子，弯曲手臂，模仿棕榈树的树枝。

工作坊 27：爱

工作坊提纲

1. 名字圈：温柔地说出你的名字
2. 联想：爱是……爱不是……
3. 仅仅用眼睛、嘴巴、脸庞、双手或整个身体来表达爱：围圈展示
4. 将爱的感觉定位在身体上。围成圆圈分享：身体的哪个部位感受到爱？那是什么样子的？
5. 爱的标志：你希望他人怎样表达对你的爱
6. 结束游戏：对坐在旁边的人说一些令他 / 她感受愉快的话语

工作坊目标

1. 让孩子们分辨和表达爱的体验。

工作坊 27

爱

1. 名字圈：温柔地说出你的名字。

2. 联想：爱是……爱不是……

3. 表达爱——围圈展示：如何来表达你的爱?

- 只用眼睛

- 只用嘴巴

- 脸庞

- 双手

- 整个身体

4. 你身体的哪个部位能感受到爱? 你的爱是什么颜色? 给孩子们一张人体图，让他们在上面标记出他们在哪里以及如何感受到爱，那看起来是什么样子的。

围成圆圈分享：身体的哪个部位感受到爱？那是什么样子的？

5. 爱的标志：你希望他人怎样表达对你的爱？爸爸、妈妈、男孩儿、女孩儿……

6. 结束游戏：对坐在旁边的人说一些令他／她感受愉快的话语。

工作坊 28：儿童的权利

工作坊提纲

1. 名字圈：悄声、大一点声、更大一点声……
2. 名字圈：大声、小一点声、再小一点声……
3. 儿童有权利吗？都有什么权利呢？
4. 最重要的权利是什么？集体表决
5. 哪些权利没有得到尊重？谁不尊重这些权利？围成圆圈分享
6. 孩子们怎样可以让成年人尊重他们的权利？围成圆圈分享
7. 为不尊重儿童权利的成年人绘制提醒标志。围成圆圈分享
8. 结束游戏：贴面礼

工作坊目标

1. 让孩子们意识到自己的权利；
2. 找到履行权利的办法；
3. 激发积极的情感。

工作坊 28

儿童的权利

1. 名字圈：第一个孩子悄声地说出自己的名字，第二个孩子比第一个孩了声音稍微大一些说自己的名字，第三个孩子比第二个孩子的声音再大一点……以此类推。

2. 名字圈：第一个孩子大声地喊出自己的名字，第二个孩子比第一个孩子声音稍微小一些喊出自己的名字，第三个孩子比第二个孩子的声音再小一点……以此类推。

3. 儿童有权利吗？都有什么权利呢？围成圆圈分享。

4. 最重要的权利：让孩子们在小组中共同决定，哪些权利对他们来说是最重要的？带领人在需要时可以给予帮助：一个孩子有权利玩耍、吃喜欢的东西、和喜欢的人待在一起，可以有自己的想法，问想要知道的问题，拥有交友、学习以及在需要时得到帮助的权利。

5. 你的哪些权利是得不到尊重的？不尊重这些权利的是谁？围成圆圈分享。

6. 孩子们怎样可以让成年人尊重他们的权利？围成圆圈分享。

7. 提醒标志：制作一个标志（就像在体育比赛时，他们会使用红牌或者黄牌），在一个人没有尊重你的权利时可以展示给他／她。想想这个标志会是什么样子，上面会画些什么……要让人一看就知道它是属于你的标志。

画完之后围成圆圈分享：展示并描述你的标志。

8. 结束游戏：贴面礼。所有孩子站成一个圈，一个孩子在里面绕着圈行走，直到带领人说"停！"
这时，这个孩子同对面站着的孩子一起走到圆圈中
间，面对面站好。其他孩子开始数数，数到"3"时，
中间的两个孩子将头转向他们选择的方向，向左或
者向右。如果他们转向了同一方向，就做贴面礼，
如果没有，就举起手臂击掌（一个人用左手拍另一
个人的右手，反之亦然）。然后第二个孩子开始在
圈内行走，直到所有的孩子都站在了中间。

工作坊 29：我喜欢的学校是这样的

工作坊提纲

1. 开场游戏：触碰颜色
2. 放松引导的想象练习：如我所愿的学校
3. 画出梦想的学校：围成圆圈分享
4. 提出学校改进的建议：让学校中的每一个人都感觉更好，并享受其中。围成圆圈分享

工作坊目标

1. 激发想象力；
2. 激发积极的态度。

工作坊 29

我喜欢的学校是这样的

1. 开场游戏：触碰颜色。

带领人说出一种颜色，每个孩子从其他人穿的衣服上找到这个颜色并用手触碰。

2. 放松引导的想象练习：在"如我所愿的学校"活动开始前，带领人向孩子们做简短的介绍——

- 他们在接下来的练习中要保持闭眼睛；
- 他们将会参与一个放松引导的想象练习。

在孩子们找到一个舒适的姿势后，带领人慢慢地开始引导，在适当的地方做出停顿，以便给孩子们时间来体验。

（1）放松：有节奏地呼吸，放松双腿和双手，感觉头部在放松，颈部在放松，慢慢尝试，找到最舒服的姿势。闭上双眼，我将带你开始一场想象的旅程。现在做几个深呼吸。好的，闭好眼睛，随着我的话语，想象你正走向一个可爱的地方……暂停。

（2）引导想象：想象你在这里可以创造一所你想要的学校。想象它会是什么样子，学校的建筑是什么样子的？暂停。想象你的教室，里面会有什么？想象是谁在教你，学校的课程表是什么样的？每一节课多长时间？想象你在你梦想中的学校做着什么，课间休息是什么样的？想象一下校园的操场，你看到了什么？想象梦想中的学校中你所喜爱的一切……

3. 画出梦想的学校：现在用线条、形状、颜色描绘你在哪儿，学校的样子，你的感受，你看到的和你经历的。

把你的经历呈现在画纸上，你画得好不好并不重要，重要的是你知道这幅画对你意味着什么。

画完之后，围成圆圈分享：你梦想中的学校是什么样子的？

4. 我希望我的学校是这样的：提出学校改进的建议，为学校中的每一个人都感觉更好、更享受而作出贡献。围成圆圈分享。

工作坊 30：我可以自由表达自己

工作坊提纲

1. 热身游戏：传递和变换动作
2. 带领人陈述孩子们有自由表达意见的权利
3. 他们什么时候害怕在家里自由地表达自己，为什么？围成圆圈分享
4. 采访游戏：孩子什么时候、为什么害怕在学校自由地表达自己。小组活动
5. 记者报道：孩子们害怕在学校自由表达自己的时机和原因
6. 有什么可以帮助孩子们自由表达自己的想法？围成圆圈分享
7. 结束游戏：帮助鸟妈妈

工作坊目标

1. 支持孩子们意识到，他们有自由表达的权利；
2. 帮助他们积极应对自我表达上的恐惧。

工作坊 30

我可以自由表达自己

1. 热身游戏：传递和变换动作。

大家站成一个圈。带领人做一些不同寻常的动作并把它传递给站在旁边的孩子，这个孩子先重复带领人的动作，然后加上自己创造的动作传递给下一个人……以此类推。

2. 带领人向孩子们传达这样的信息：他们有自由表达意见的权利。成年人在做出有关孩子们的决定的时候，也需要听取他们的意见（《儿童权利公约》第 12 条）。

3. 他们什么时候害怕在家里自由地表达自己，

为什么？围成圆圈分享。

4. 采访游戏：孩子们什么时候以及为什么害怕在学校自由地表达自己？

孩子们 4~5 人分成一个小组。其中一个孩子扮演记者，就"你会在什么时候，因为什么而害怕在学校自由表达自己"对其他孩子进行采访。

5. 记者报道：孩子们害怕在学校自由表达自己的时机和原因。

6. 有什么可以帮助孩子们自由表达自己的想法？围成圆圈分享。

7. 结束游戏：帮助鸟妈妈安全地旅行。

带领人在手掌捧着一只想象中的"鸟妈妈"，并把它递给旁边的孩子，这个孩子要用自己的手掌快速而温柔地接过来，再传递给下一个孩子。每一个人都可以自由地以自己的方式来传递。

工作坊 31：评估内心的变化

工作坊提纲

1. 对工作坊的评价：回答三个问题
2. 评估孩子们内心的变化：画出这些变化，围成圆圈分享
3. 评估孩子们之间关系的变化

工作坊 31

评估内心的变化

1. 对工作坊的评价：回答以下问题

带领人简短地向孩子们介绍，接下来的活动是
为了对整个工作坊做一个评估。

孩子们将被邀请回应有关所有工作坊的三个问
题（在每一个工作坊结束时，带领人与孩子们一起
制作一个关于这个工作坊的标识或图画，张贴在画
板上）。

孩子们围成圆圈分享，带领人写下他们的答案：

（1）在工作坊中，什么让他们感到开心愉快？
他们最喜欢的元素是什么？为什么？

（2）有没有他们不喜欢的？那是什么？为什么不喜欢呢？

（3）选择一个最喜欢的工作坊。

2．评估孩子们内心的变化

带领人邀请孩子们审视自己，看看自己有什么变化。是否可以用绘画，使用颜色、形状、线条或者符号来描述这些变化？过去的自己是什么样子的？现在呢？

每个孩子都画一画，自己在工作坊前后的样子。

孩子们画完以后，带领人邀请他们给自己的画起一个名字，鼓励孩子们发挥想象力，并告诉他们，不论是否发生了变化，真实的表达是最重要的。

围成圆圈分享。

3．评估孩子们之间关系的变化

带领人邀请孩子们看一看，在我们这个群体里，他们之间的关系是否有了变化。

围成圆圈分享。

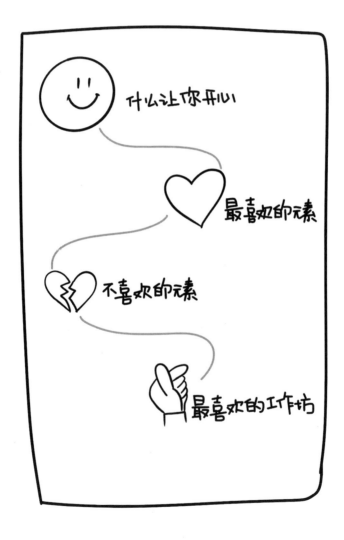

工作坊 32：向父母展示成果

带领人和孩子们一起准备他们的作品展览，并进行项目展示和成果评价。

工作坊提纲（家长会面时）

1. 作品展览
2. 项目展示和成果评价
3. 家长分享
4. 孩子们教给家长们自己最喜爱的游戏
5. 交换积极信息
- 家长写下"我喜欢我的孩子什么"并交给孩子
- 孩子写下"我喜欢妈妈什么，喜欢爸爸什么"并交给家长
- 在小组分享（谁愿意发言）：此刻感觉如何？

回顾

　　"微笑守望者"项目是专门为儿童和那些每天与儿童打交道的成年人开发的。它让儿童有机会积极参与一系列激发性活动,从而促使他们的生活发生变化。

　　工作坊以心理成长的互动理论为基础(例如,社会互动是儿童发展的基本建设性因素的理论)。这些工作坊有效地整合了放松技巧、自我表达技巧和自我控制能力培养技巧(基于生物反馈理论和各种现代心理疗法),以及互动技巧(源自社会互动和社会反馈理论)。该项目的要点通过特别设计的互动工作坊的顺序来传达。换句话说,该项目的主要内容和主要价值在于工作坊的创意(即使这些工作坊源自生物反馈理论或社会互动理论)以及工作坊序列整体构成的顺序的创意。在这个系统中,儿童处于项目及其心理练习活动的中心。这样一来:

（1）孩子们可以在身心放松的氛围中"敞开心扉"（例如，将内心体验外化）。

（2）在这种外化过程中（口头陈述、绘画、场景表演等），情绪疏导和简单反馈会发生，这也是在外化过程中产生洞见的过程。

（3）个人经历的外化使人认识到，类似的经历（如恐惧、愤怒等）也会发生在其他人身上，并使人认识到与社会群体中其他成员之间的异同。

（4）儿童用语言表达自己和他人的经历，会有助于他们了解自己（例如，明确了解自己的内心世界）。

（5）在互动式工作坊（即关于误解的根源、社会冲突、非语言沟通等方面的工作坊）中，请求获得社会反馈，即他人如何回应自己的行为和个人体验，并寻求共同问题的共同解决方案。这样他们就能从与他人的关系中看到自己，学习解决人际关系问题的各种心理能力（技巧），即发展相互建构。

（6）成人——工作坊带领人的角色是分散的，

但也是非常重要的支持性角色：在系列工作坊中观察儿童的整个发展过程；慎重地组织工作坊活动，成为特殊的合作伙伴，共同确保发展过程的顺利。在这一工作坊系统中，儿童是积极的参与者，他们通过体验学习，掌握知识、技巧和技能，这将有助于处理生活中的困难事件和应对问题。

这种体验式的教育系统对受战争影响的儿童（难民、经历重大逝去的儿童，经历强烈恐惧的儿童或更普遍的创伤后应激综合征儿童）尤其有益。此外，应该指出的是，该项目也有益于当今生活在我们国家的儿童，由于最近的战争、破坏和贫困，他们的生活在许多方面都充满了压力。就其本身而言，该项目将是教育领域的一项有益创新，同样也适用于并无剧烈冲突的正常发展环境，因为儿童的积极参与，正是我们的教育系统在很大程度上所缺乏的。

为了实现该项目所有预期和可能的效果，有必要：

（1）在工作坊系统内对工作坊带领人进行培训；

（2）在实施的开始阶段，根据经验确定每个小组的最佳儿童人数；

（3）通过实验和观察来验证口头指令和要求是否符合儿童的发展阶段；

（4）在带领工作坊时，根据每个小组的情况、孩子们的反应以及参与程度，灵活做出调整；

（5）至少对项目的初步效果进行评估（成人是否注意到参加项目的儿童发生了一些变化，儿童自己如何看待项目的益处，是否有迹象表明儿童将项目中的一些内容应用到了其他环境中）。

最后，希望这一项目及其多种可能的应用，能吸引更多的支持，因为它是教育领域的一项重要创新，对受战争影响的儿童和普通儿童来说确实有效。

伊万·伊维奇博士
贝尔格莱德哲学系发展心理学教授
贝尔格莱德，1993 年 7 月 15 日

作者简介

纳达·伊格纳托维奇·萨维奇，出生于1947年，30多年来一直在贝尔格莱德大学从事发展心理学的教学和研究工作。她在个人发展、沟通、社会交往和教育领域开展了许多研究和干预项目，并出版了多部书籍。

纳达·伊格纳托维奇·萨维奇女士是"微笑守望者"非暴力沟通中心的联合创始人，该中心是一个主要关注人类发展、提高自我和群体意识、重构教育实践和社会变革的非政府组织。同时她还是该中心的执行主任。

1993-2001年，她担任了由联合国儿童基金会、欧盟、挪威人民援助会和拯救儿童信托基金支持的多个教育干预项目的主任。在此期间，她还与许多团体合作，开展了多个"和平与治愈战争创伤"教育项目。

2000-2002 年，她是两个国际和平项目——在希腊德尔斐和奥林匹亚举办的"儿童奥林匹克运动会"（参加者是来自十余个国家的儿童和专业人士）和在罗马与耶路撒冷举办的"明天——与以色列和巴勒斯坦宗教领袖、商界、大学和媒体人一起开展和平与和解工作"项目——的项目委员会成员和培训师。

自 1993 年被马歇尔·卢森堡认证为非暴力沟通（NVC）培训师以来，她与马歇尔·卢森堡共同举办了多次为期十天的国际强化训练（IIT），并积极地在欧洲国家、以色列和印度提供非暴力沟通培训。

2003 年，她在希腊皮利翁为"人权与冲突管理"项目团队讲授非暴力沟通课程。该项目是在欧盟和希腊青年总秘书处的支持下，由欧洲妇女网络组织发起的。

她是"地球管家网络"塞尔维亚协调员。"地球管家网络"是一个致力于和平、全球交流、解决冲突和公民外交的国际网络，由心理学家达纳安·帕里（Daman Parry）于 1979 年创立。自 1996 年以来，她一直是经认证的必要调解协作者（Essential Peacemaking/ Women & Men）。她与克里斯·加德纳（Chris Gardner）一起，为欧洲不同国家的许多男女团体提供了必要调解（EP）培训。

2001–2004 年，她受聘于塞尔维亚教育部，是教育民主化和学校制度改革专家小组的成员。

她是"小学生公民教育"项目的作者。

纳达·伊格纳托维奇·萨维奇于 2011 年 7 月 19 日在贝尔格莱德去世。

部分出版物清单

- 《社会交往及其发展效应》，载于《儿童在文化结构环境中的发展》，1988 年。
- 《儿童社会认知的发展：一种相互作用的方法》，载于《儿童社会认知的发展》，1992 年。
- 《期待意料之外的事情——从战争影响的社会背景看儿童发展》，载于《塞尔维亚心理协会杂志》第 28 卷，1995 年特刊。

项目和手册

- "微笑守望者"项目

1993 年开展的两个针对心理专家和教师的培训项目，旨在培养他们的个人和专业能力。

- 《微笑守望者》（1~3 册）

该系列三本手册包含针对 5~10 岁、11~15 岁和 15~18 岁儿童的项目，1994 年由贝尔格莱德心理研究所出版。项目内容旨在帮助儿童制定应对情绪体验（恐惧、悲伤、悲痛、愤怒）和冲突的策略，并培养自我意识和社会意识。

- "相互教育"项目

1995 年开展的针对从事儿童工作的专业人员的非暴力沟通培训项目。

- 《语言是窗还是墙》（1~3 册）

该系列教师手册为 5~10 岁、11~14 岁和 15~18 岁的儿童提供非暴力沟通项目，1996 年由心理学研究所出版。同时手册被翻译成德语、英语、波兰语、丹麦语和意大利语，在欧洲许多幼儿园和学校使用。

- "公民教育"项目

适合小学一、二、三年级公民教育项目，2002-2004 年由塞尔维亚教育部出版。

译者简介

李迪和娅锦夫妇

国际非暴力沟通中心认证培训师、认证评估师（受训），中央广播电视总台精品文创推荐人物，"陪你NVC"学习社区联合创始人。希望可以助力更多的人，培育感知和创造幸福的能力，活出生机勃勃的生命。

2016年9月，首次把非暴力沟通青少年活动"微笑守望者"带领人工作坊引入中国，并开始在小学、中学和社区开展"微笑守望者"带领活动。